Código Penal Cubano

The book publishing house can be contacted by e-mail at d.rebentrost@web.de

Bibliografische Information der Deutschen Nationalbibliothek: Die Deutsche Nationalbibliothek verzeichnet diese Publikation in der Deutschen Nationalbibliografie; detaillierte bibliografische Daten sind im Internet über dnb.dnb.de abrufbar.

Herausgeber: DGR Law Books, München

© 2022 DGR Law Books, München

Herstellung und Verlag: BoD – Books on Demand, Norderstedt

ISBN: 978-3-7543-4303-6

Índice

LIBRO I. PARTE GENERAL

TÍTULO I. DISPOSICIONES PRELIMINARES

ARTÍCULO 1.1.- Este Código tiene como objetivos:

— proteger a la sociedad, a las personas, al orden social, económico y político y al régimen estatal;

— salvaguardar la propiedad reconocida en la Constitución y las leyes;

— promover la cabal observancia de los derechos y deberes de los ciudadanos;

— contribuir a formar en todos los ciudadanos la conciencia del respeto a la legalidad socialista, del cumplimiento de los deberes y de la correcta observancia de las normas de convivencia socialista.

2. A estos efectos, especifica cuáles actos socialmente peligrosos son constitutivos de delito y cuáles conductas constituyen índices de peligrosidad y establece las sanciones y medidas de seguridad aplicables en cada caso.

ARTÍCULO 2.1.- Sólo pueden sancionarse los actos expresamente previstos como delitos en la ley, con anterioridad a su comisión.

2. A nadie puede imponerse una sanción penal que no se encuentre establecida en la ley anterior al acto punible.

TÍTULO II. LA EFICACIA DE LA LEY PENAL

CAPÍTULO I. LA EFICACIA DE LA LEY PENAL EN EL TIEMPO

ARTÍCULO 3.1.- La ley penal aplicable es la vigente en el momento de la comisión del acto punible.

2. No obstante, la nueva ley es aplicable al delito cometido con anterioridad a su vigencia si es más favorable al encausado.

3. Si, de acuerdo con la nueva ley, el hecho sancionado en una sentencia deja de ser punible, la sanción impuesta y sus demás efectos se extinguen de pleno derecho.

4. Si con posterioridad a la firmeza de la sentencia se promulga una ley penal más favorable para el reo, el tribunal sustituirá la sanción impuesta por la que corresponda de acuerdo con la nueva ley, partiendo del hecho declarado probado en aquella resolución.

5. En cuanto a la aplicación de las medidas de seguridad, se estará a la ley vigente en el momento en que el tribunal dicte la resolución.

CAPÍTULO II. LA EFICACIA DE LA LEY PENAL EN EL ESPACIO

ARTÍCULO 4.1.-La ley penal cubana es aplicable a todos los delitos cometidos en el territorio nacional o a bordo de naves o aeronaves cubanas, en cualquier lugar en que se encuentren, salvo las excepciones establecidas por los tratados suscritos por la República.

Es asimismo aplicable a los delitos cometidos contra los recursos naturales y vivos del lecho y subsuelo marinos, en las aguas suprayacentes inmediatas a las costas fuera del mar territorial en la extensión fijada por la ley.

2. La ley penal cubana también es aplicable los delitos cometidos a bordo de nave o aeronave extranjera que se encuentre en mar o aire territorial cubano, ya se cometan por cubanos o extranjeros, salvo los cometidos por miembros extranjeros de la tripulación entre sí, a no ser, en este último caso, que se pida auxilio a las autoridades de la República por la víctima, por el capitán de la nave o por el cónsul de la nación correspondiente a la víctima.

3. No obstante lo dispuesto en el apartado anterior, la nación extranjera puede reclamar el conocimiento del proceso iniciado por los órganos competentes cubanos y la entrega del acusado, de acuerdo con lo que al efecto se haya establecido en los tratados.

4. Un delito se considera cometido en territorio cubano si el delincuente realiza en él actos preparatorios o de ejecución, aunque el resultado se haya producido en el extranjero, o viceversa.

5. Las cuestiones que se susciten con motivo de delitos cometidos en territorio cubano por diplomáticos o ciudadanos extranjeros excluidos de la jurisdicción de los tribunales de la República por tratados internacionales, se resuelven por la vía diplomática.

ARTÍCULO 5.1.- La ley penal cubana es aplicable a los cubanos y personas sin ciudadanía residentes en Cuba que cometan un delito en el extranjero, si se encuentran en Cuba o son extraditados.

2. La ley penal cubana es aplicable a los cubanos que cometan un delito en el extranjero y sean entregados a Cuba, para ser juzgados por sus tribunales, en cumplimiento de tratados suscritos por la República.

3. La ley penal cubana es aplicable a los extranjeros y personas sin ciudadanía no residentes

en Cuba que cometan un delito en el extranjero, si se encuentran en Cuba y no son extraditados, tanto si residen en el territorio del Estado en que se perpetran los actos como en cualquier otro Estado y siempre que el hecho sea punible también en el lugar de su comisión.

Este último requisito no es exigible si el acto constituye un delito contra los intereses fundamentales, políticos o económicos, de la República, o contra la humanidad, la dignidad humana o la salud colectiva, o es perseguible en virtud de tratados internacionales.

4. La sanción o la parte de ella que el delincuente haya cumplido en el extranjero por el mismo delito, se le abona a la impuesta por el tribunal cubano; pero si, dada la diversidad de clases de ambas sanciones, esto no es posible, el cómputo se hace de la manera que el tribunal considere más justa.

5. En los casos previstos en el apartado 3 de este artículo, sólo se procede a instancia del Ministro de Justicia.

ARTÍCULO 6.1.- El ciudadano cubano no puede ser extraditado a otro Estado.

2. La extradición de extranjeros se lleva a cabo de conformidad con los tratados internacionales,

o, en defecto de éstos, de acuerdo con la ley cubana.

3. No procede la extradición de extranjeros perseguidos por haber combatido al imperialismo, al colonialismo, al neocolonialismo, al fascismo o al racismo, o por haber defendido los principios democráticos o los derechos del pueblo trabajador.

TÍTULO III. LA EJECUCIÓN DE SENTENCIA EXTRANJERA

ARTÍCULO 7.1.- Los extranjeros sancionados a privación de libertad por los tribunales cubanos podrán ser entregados, para que cumplan la sanción, a los Estados de los que son ciudadanos, en los casos y en la forma establecidos en los tratados.

2. De modo correspondiente, los ciudadanos cubanos sancionados a privación de libertad por tribunales extranjeros podrán ser recibidos para que cumplan la sanción en el territorio nacional, en los casos y en la forma establecidos en los tratados. El tribunal que, en Cuba, hubiera sido el competente para conocer en primera instancia del hecho, lo será para dictar la resolución determinando la sanción a cumplir, la cual se equiparará a todos los efectos a la sentencia de primera instancia.

TÍTULO IV. EL DELITO

CAPÍTULO I. EL CONCEPTO DE DELITO

ARTÍCULO 8.1.- Se considera delito toda acción u omisión socialmente peligrosa prohibida por la ley bajo conminación de una sanción penal.

2. No se considera delito la acción u omisión que, aun reuniendo los elementos que lo constituyen, carece de peligrosidad social por la escasa entidad de sus consecuencias y las condiciones personales de su autor.

3.- (Adicionado y Modificado) En aquellos delitos en los que el límite máximo de la sanción aplicable no exceda de tres años de privación de libertad o multa de hasta mil cuotas o ambas, la autoridad actuante está facultada para, en lugar de remitir el conocimiento del hecho al Tribunal, imponer al de escasa peligrosidad social, tanto por las condiciones personales del infractor como por las características y consecuencias del delito. Para la aplicación de esta prerrogativa a los delitos sancionables de uno a tres años de privación de libertad, se requiere la aprobación del Fiscal.

CAPÍTULO II. LOS DELITOS INTENCIONALES Y POR IMPRUDENCIA

ARTÍCULO 9.1.- El delito puede ser cometido intencionalmente o por imprudencia

2. El delito es intencional cuando el agente realiza consciente y voluntariamente la acción u omisión socialmente peligrosa y ha querido su resultado, o cuando, sin querer el resultado, prevé la posibilidad de que se produzca y asume este riesgo.

3. El delito se comete por imprudencia cuando el agente previó la posibilidad de que se produjeran las consecuencias socialmente peligrosas de su acción u omisión, pero esperaba, con ligereza, evitarlas, o cuando no previó la posibilidad de que se produjeran a pesar de que pudo o debió haberlas previsto.

4. Si, como consecuencia de la acción u omisión, se produce un resultado más grave que el querido, determinante de una sanción más severa, ésta se impone solamente si el agente pudo o debió prever dicho resultado.

CAPÍTULO III. LA UNIDAD Y PLURALIDAD DE ACCIONES Y DELITOS

ARTÍCULO 10.1.- Se considera un solo delito:

a) los distintos actos delictivos cuando uno de ellos sea medio necesario e imprescindible para cometer otro;

b) las distintas violaciones penales que surjan de un mismo acto.

2. En estos casos la sanción procedente es la correspondiente al delito más grave.

ARTÍCULO 11.1.- Se considera un solo delito de carácter continuado las diversas acciones delictivas cometidas por un mismo agente que ataquen el mismo bien jurídico, guarden similitud en la ejecución y tengan una adecuada proximidad en el tiempo. En este caso, se aumenta el límite mínimo de la sanción imponible en una cuarta parte y el máximo en la mitad.

2. Cuando diferentes acciones delictivas tienen por objeto derechos inherentes a la persona misma, también tienen el carácter de continuadas y constituyen un solo delito, siempre que afecten a una sola víctima.

CAPÍTULO IV. EL DELITO CONSUMADO, LA TENTATIVA Y LOS ACTOS PREPARATORIOS

ARTÍCULO 12.1.- Son sancionables tanto el delito consumado como la tentativa. Los actos preparatorios se sancionan únicamente cuando se trate de delitos contra la seguridad del Estado, así como respecto a los delitos previstos en la Parte Especial de este Código para los cuales se establezca específicamente.

2. Se considera tentativa si el agente ha comenzado la ejecución de un delito sin llegar a consumarlo.

3. Los actos preparatorios comprenden la organización de un plan, la adquisición o adaptación de medios o instrumentos, la reunión, la asociación o el desarrollo de cualquier otra actividad encaminada inequívocamente a la perpetración del delito.

4. La tentativa y los actos preparatorios se consideran como tales siempre que no constituyan, de por sí, otro delito más grave.

5. La tentativa y, en su caso, los actos preparatorios, se reprimen con las mismas sanciones establecidas para los delitos a cuya ejecución propenden, pero el tribunal podrá rebajarlas hasta en dos tercios de sus límites mínimos.

ARTÍCULO 13.1.- No es sancionable la tentativa cuando el agente espontáneamente desiste del acto o evita el resultado delictuoso.

2. Tampoco son sancionables los actos preparatorios cuando el agente espontáneamente desiste de ellos, especialmente, destruyendo los medios dispuestos, anulando la posibilidad de hacer uso de ellos en el futuro o poniendo el hecho en conocimiento de las autoridades.

3. Lo dispuesto en los apartados anteriores no exonera de responsabilidad al agente con respecto a cualquier otro delito cometido con su acto.

CAPÍTULO V. EL DELITO IMPOSIBLE

ARTÍCULO 14.- Si, por los actos realizados, por el medio empleado por el agente para intentar la perpetración del delito o por el objeto respecto al cual ha intentado la ejecución, el delito manifiestamente no podía haberse cometido, el tribunal puede atenuar libremente la sanción sin ajustarse a su límite mínimo y aun eximirle de ella, en caso de evidente ausencia de peligrosidad.

CAPÍTULO VI. EL LUGAR Y TIEMPO DE LA ACCIÓN

ARTÍCULO 15. 1.- El lugar de la comisión de un delito es aquel en el cual el agente ha actuado o ha omitido la obligación de actuar, o en el que se produzcan sus efectos.

2. El momento de la comisión de un delito es aquel en el cual el agente ha actuado o ha omitido la obligación de actuar, independientemente del momento en que el resultado se produzca.

3. La tentativa y los actos preparatorios se consideran cometidos en el momento y en el lugar en que el agente ha actuado o en el que, según su intención, los efectos debían producirse.

TÍTULO V. LA RESPONSABILIDAD PENAL

CAPÍTULO I. PERSONAS PENALMENTE RESPONSABLES

ARTÍCULO 16.1.- La responsabilidad penal es exigible a las personas naturales y a las personas jurídicas.

2. La responsabilidad penal es exigible a la persona natural a partir de los 16 años de edad cumplidos en el momento de cometer el acto punible.

3. Las personas jurídicas son penalmente responsables por los delitos previstos en este Código o en leyes especiales, cometidos dentro de la propia esfera de acción de dichas personas jurídicas, cuando sean perpetrados por su representación o por acuerdo de sus asociados, sin perjuicio de la responsabilidad penal individual en que hayan incurrido los autores o cómplices en el hecho punible.

4. A los efectos de este Código, le es exigible responsabilidad penal a las personas jurídicas cuando se trate de las cooperativas, las sociedades y asociaciones constituidas de conformidad con los requisitos establecidos en las leyes, las fundaciones, las empresas no estatales autorizadas para realizar sus actividades, así como las demás entidades no estatales a las que la ley confiere personalidad jurídica.

ARTÍCULO 17. 1.- En el caso de personas de más de 16 años de edad y menos de 18, los límites mínimos y máximos de las sanciones pueden ser reducidos hasta la mitad, y con respecto a los de 18 a 20, hasta en un tercio. En ambos casos predominará el propósito de reeducar al Sancionado, adiestrarlo en una profesión u oficio e inculcarle el respeto al orden legal.

2. El límite mínimo de las sanciones de privación de libertad puede rebajarse hasta en un tercio, en el caso de personas que tengan más de 60 años en el momento en que se les juzga.

CAPÍTULO II. LA PARTICIPACIÓN

ARTÍCULO 18.1.- La responsabilidad penal es exigible a los autores y cómplices.

2. Se consideran autores:

a) los que ejecutan el hecho por sí mismos;

b) los que organizan el plan del delito y su ejecución;

c) los que determinan a otro penalmente responsable a cometer un delito;

ch) los que cooperan en la ejecución del hecho delictivo mediante actos sin los cuales no hubiera podido cometerse;

d) los que ejecutan el hecho por medio de otro que no es autor o es inimputable, o no responde penalmente del delito por haber actuado bajo la violencia o coacción, o en virtud de error al que fue inducido.

3. Son cómplices:

a) los que alientan a otro para que persista en su intención de cometer un delito;

b) los que proporcionan o facilitan informes o medios o dan consejos para la mejor ejecución del hecho punible;

c) los que, antes de la comisión del delito, le prometen al autor ocultarlo, suprimir las huellas dejadas u ocultar los objetos obtenidos;

ch) los que sin ser autores cooperan en la ejecución del delito de cualquier otro modo.

4. En los delitos contra la humanidad o la dignidad humana o la salud colectiva, o en los previstos en tratados internacionales, son autores todos los responsables penalmente, cualquiera que fuere su forma de participación.

ARTÍCULO 19.1.- El tribunal fija las sanciones de los autores dentro de los límites previstos para el delito cometido.

2. La sanción imponible al cómplice es la correspondiente al delito, rebajada en un tercio en sus límites mínimo y máximo.

3. Al participante en el delito que espontáneamente impide su realización puede eximírsele de toda sanción. Si sólo ha tratado de impedirlo, puede rebajársele hasta en dos tercios de su límite mínimo.

CAPÍTULO III. LAS EXIMENTES DE LA RESPONSABILIDAD PENAL

SECCIÓN PRIMERA. LA ENFERMEDAD MENTAL

ARTÍCULO 20.1.- Está exento de responsabilidad penal el que comete el hecho delictivo en estado de enajenación mental, trastorno mental transitorio o desarrollo mental retardado, si por alguna de estas causas no posee la facultad de comprender el alcance de su acción o de dirigir su conducta.

2. Los límites de la sanción de privación de libertad fijados por la ley se reducen a la mitad si en el momento de la comisión del delito la facultad del culpable para comprender el alcance de su acción o dirigir su conducta, está sustancialmente disminuida.

3. Las disposiciones de los dos apartados precedentes no se aplicarán si el agente se ha colocado voluntariamente en estado de trastorno mental transitorio por la ingestión de bebidas alcohólicas o sustancias sicotrópicas, ni en ningún otro caso en que pudiera haber previsto las consecuencias de su acción.

SECCIÓN SEGUNDA. LA LEGÍTIMA DEFENSA

ARTÍCULO 21.1.- Está exento de responsabilidad penal el que obra en legítima defensa de su persona o derechos.

2. Obra en legítima defensa el que impide o repele una agresión ilegítima, inminente o actual y no provocada, si concurren, además, los requisitos siguientes:

a) necesidad objetiva de la defensa;

b) proporcionalidad entre la agresión y la defensa, determinada en cada caso con criterios razonables, según las circunstancias de personas, medios, tiempo y lugar.

3. Está igualmente exento de responsabilidad penal el que defiende a un tercero en las condiciones y con los requisitos exigidos en el apartado 2, aunque la agresión haya sido provocada, si el defensor no participó en la provocación.

4. Asimismo, obra en legítima defensa el que impide o repele en forma adecuada un peligro o un daño inminente o actual a la paz pública o a los bienes o intereses sociales o del Estado.

5. Si el que repele la agresión se excede en los límites de la legítima defensa, y, especialmente, si usa un medio de defensa desproporcionado en relación con el peligro suscitado por el ataque, el tribunal puede rebajar la sanción hasta en dos tercios de su límite mínimo, y si se ha cometido este exceso a causa de la excitación o la emoción violenta provocada por la agresión, puede aun prescindir de imponerle sanción alguna.

SECCIÓN TERCERA. EL ESTADO DE NECESIDAD

ARTÍCULO 22.1.- Está exento de responsabilidad penal el que obra con el fin de evitar un peligro inminente que amenace su propia persona o la de otro, o un bien social o individual, cualquiera que éste sea, si el peligro no podía ser evitado de otro modo, ni fue provocado intencionalmente por el agente, y siempre que el bien sacrificado sea de valor inferior que el salvado.

2. Si es el propio agente el que, por su actuar imprudente, provoca el peligro, o si se exceden los límites del estado de necesidad, el tribunal puede rebajar la sanción hasta en dos tercios, o, si las circunstancias del hecho lo justifican, eximirlo de responsabilidad.

3. No es apreciable el estado de necesidad si el agente tiene el deber de arrostrar el peligro que amenace a su persona.

SECCIÓN CUARTA. EL ERROR

ARTÍCULO 23.1.- Está exento de responsabilidad penal el que realiza el acto prohibido bajo la influencia de un error relativo a uno de sus elementos constitutivos, o habiendo supuesto, equivocadamente, la concurrencia de alguna circunstancia que, de haber existido en realidad, lo habría convertido en lícito.

2. Lo dispuesto en el apartado anterior no es aplicable cuando se trate de delitos cometidos por imprudencia, y el error se deba a la imprudencia misma del agente.

ARTÍCULO 24.- Cuando por error o por otro accidente se comete un delito en perjuicio de persona distinta de aquélla contra quien iba dirigida la acción, no se tiene en cuenta la condición de la víctima para aumentar la gravedad de la sanción.

SECCIÓN QUINTA. EL CUMPLIMIENTO DE UN DEBER O EL EJERCICIO DE DERECHO, PROFESIÓN, CARGO U OFICIO

ARTÍCULO 25.1.- Está exento de responsabilidad penal el que causa un daño al obrar en cumplimiento de un deber o en el ejercicio legítimo de su derecho, profesión, cargo u oficio o en virtud de obediencia debida.

2. Se entiende por obediencia debida la que viene impuesta por la ley al agente, siempre que el hecho realizado se encuentre entre las facultades del que lo ordena y su ejecución dentro de las obligaciones del que lo ha efectuado.

3. En caso de exceso en los límites de la obediencia al afrontar alguna de las situaciones anteriores, el tribunal puede aplicar la atenuación extraordinaria de la sanción.

SECCIÓN SEXTA. EL MIEDO INSUPERABLE

ARTÍCULO 26.1.- Está exento de responsabilidad penal el que obra impulsado por miedo insuperable de un mal ilegítimo, inmediato e igual o mayor que el que se produce.

2. Cuando el mal temido es menor que el que se produce, pero causa al agente, por

sus circunstancias personales, un miedo insuperable determinante de su acción, el tribunal puede rebajar hasta en dos tercios el límite mínimo de la sanción imponible.

TÍTULO VI. LAS SANCIÓNES

CAPÍTULO I. LOS FINES DE LA SANCIÓN

ARTÍCULO 27.- La sanción no tiene sólo por finalidad la de reprimir por el delito cometido, sino también la de reeducar a los Sancionados en los principios de actitud honesta hacia el trabajo, de estricto cumplimiento de las leyes y de respeto a las normas de la convivencia socialista, así como prevenir la comisión de nuevos delitos, tanto por los propios Sancionados como por otras personas.

CAPÍTULO II. LAS CLASES DE SANCIONES

ARTÍCULO 28.1.- Las sanciones pueden ser principales y accesorias.

2. Las sanciones principales aplicables a las personas naturales son las siguientes:

a) muerte;

b) privación de libertad;

c) trabajo correccional con internamiento;

ch) trabajo correccional sin internamiento;

d) limitación de libertad;

e) multa;

f) amonestación.

3. Las sanciones accesorias aplicables a las personas naturales son las siguientes:

a) privación de derechos;

b) privación o suspensión de derechos paterno-filiales y de tutela;

c) prohibición del ejercicio de una profesión, cargo u oficio;

ch) suspensión de la licencia de conducción;

d) prohibición de frecuentar medios o lugares determinados;

e) destierro;

f) comiso;

g) confiscación de bienes;

h) sujeción a la vigilancia de los órganos y organismos que integran las Comisiones de Prevención y Atención Social;

i) expulsión de extranjeros del territorio nacional.

4. Las sanciones principales aplicables a las personas jurídicas son las siguientes:

a) disolución, que consiste en la extinción de la persona jurídica. En los casos en que se imponga, se anulará la escritura de constitución, inscribiéndose la parte pertinente de la sentencia en los registros en que se halle inscrita y quedando la persona jurídica en estado de disolución, a todos los efectos legales, desde el momento en que sea firme la sentencia;

b) clausura temporal, que consiste en el cierre total del establecimiento, local, oficina o negocio de la persona jurídica, por el término que determine la sentencia, el cual no puede ser inferior a tres meses ni exceder de dos años;

c) prohibición temporal o permanente de la licencia para determinadas actividades o negocios. Las actividades o negocios prohibidos serán exclusivamente aquellos que acuerde el tribunal en su sentencia. Esta sanción no puede ser inferior a seis meses ni exceder de tres años cuando sea temporal;

ch) multa.

5. A los efectos de la determinación de las sanciones principales aplicables a las personas jurídicas, se seguirán, en lo pertinente, las reglas siguientes:

a) cuando se trate de delito que tenga prevista la sanción de multa, ésta se aplicará dentro de los límites mínimo y máximo de cuotas establecidos en cuanto al correspondiente delito, pero tomando en consideración lo dispuesto en el apartado 7, inciso a), del artículo 35 respecto a la cuantía de cada cuota;

b) cuando se trate de delito que tenga prevista la sanción de privación de libertad que no exceda de tres años, ésta se entenderá sustituida por la de prohibición temporal o permanente de la licencia para determinadas actividades o negocios;

c) cuando se trate de delito que tenga prevista la sanción de privación de libertad superior a tres años y que no exceda de doce años, ésta se entenderá sustituida por la de clausura temporal;

ch) en los demás casos, la sanción aplicable será la de disolución;

d) cuando se trate de delito que tenga prevista, de manera alternativa o conjunta, dos clases de sanciones principales, éstas se entenderán respectivamente sustituidas por las correspondientes a las personas jurídicas, según las reglas establecidas en los incisos anteriores.

6. Las sanciones accesorias aplicables a las personas jurídicas son las siguientes:

a) comiso, según las disposiciones contenidas en el artículo 43;

b) confiscación de bienes, según las disposiciones contenidas en el artículo 44.

CAPÍTULO III. LAS SANCIÓNES PRINCIPALES

SECCIÓN PRIMERA. LA SANCIÓN DE MUERTE

ARTÍCULO 29.1.- La sanción de muerte es de carácter excepcional, y sólo se aplica por el tribunal en los casos más graves de comisión de los delitos para los que se halla establecida.

2. La sanción de muerte no puede imponerse a los menores de 20 años de edad ni a las mujeres que cometieron el delito estando encinta o que lo estén al momento de dictarse la sentencia.

3. La sanción de muerte se ejecuta por fusilamiento.

SECCIÓN SEGUNDA. LA PRIVACIÓN DE LIBERTAD

ARTÍCULO 30.1.- La sanción de privación de libertad puede ser perpetua o temporal.

2. La sanción de privación perpetua de libertad puede imponerse como sanción principal en los delitos en que expresamente se halle establecida o alternativamente en los delitos que tienen prevista la sanción de muerte.

3. Al sancionado a privación perpetua de libertad no pueden concedérsele los beneficios de la libertad condicional ni licencia extrapenal. No obstante, excepcionalmente, el tribunal sancionador, al cumplir aquél treinta años de reclusión puede otorgarle la libertad condicional si por razones fundadas y con el cumplimiento de los requisitos establecidos en el artículo 58 de este Código, en lo atinente, se hace merecedor de ella.

4. La sanción de privación temporal de libertad no puede exceder de treinta años. Sin embargo, el tribunal puede extender su término sin límites de duración en los casos siguientes:

a) en los delitos en los que, al apreciar la agravación extraordinaria de la sanción, ésta excediera de treinta años;

b) en los delitos en los que al apreciar la reincidencia o multirreincidencia, la sanción exceda de treinta años;

c) al formarse sanción conjunta, de conformidad con lo previsto en el inciso b), del apartado 1, del artículo 56.

5. El tiempo de detención o de prisión provisional sufrido por el sancionado se abona de pleno derecho al de duración de la sanción.

6. La sanción de privación de libertad se cumple en los establecimientos penitenciarios que dispongan la ley y sus reglamentos. Las características de dichos establecimientos y los períodos mínimos en que los sancionados deben permanecer en cada uno se determinan en los reglamentos correspondientes.

7. Los sancionados a privación de libertad cumplen la sanción distribuidos en grupos, y sólo en los casos previstos en los reglamentos puede disponerse que la cumplan aislados.

8. Los hombres y las mujeres cumplen la sanción de privación de libertad en establecimientos distintos, o en secciones separadas de los mismos.

9. Los menores de 20 años de edad cumplen la sanción en establecimientos especialmente destinados a ellos, o en secciones separadas de los destinados a mayores de esa edad. No obstante, respecto a los de 20 a 27 años puede disponerse que cumplan su sanción en iguales condiciones que aquéllos.

10. En los establecimientos penitenciarios se aplica el régimen progresivo como método para el cumplimiento de las sanciones de privación temporal de libertad y como base para la concesión, en estos casos, de la libertad condicional que se establece en este Código.

11. El sancionado no puede ser objeto de castigos corporales ni es admisible emplear contra él medida alguna que signifique humillación o que redunde en menoscabo de su dignidad.

12. Durante el cumplimiento de la sanción, los sancionados aptos para el trabajo efectúan labores útiles, si acceden a ello.

13. El tribunal, a solicitud del órgano correspondiente del Ministerio del Interior y oído el parecer del fiscal, puede, durante el término del cumplimiento de la sanción de privación temporal de libertad que haya impuesto, sustituirla por alguna de las sanciones subsidiarias previstas en los artículos 32, 33 y 34, por el término que al sancionado le reste de la privación de libertad inicialmente aplicada, siempre que concurran los requisitos siguientes:

a) sólo pueden sustituirse las sanciones privativas de libertad impuestas por un término que no exceda de cinco años;

b) el sancionado debe haber extinguido, por lo menos, la tercera parte de la sanción impuesta cuando se trate de sancionados primarios, la mitad de la sanción impuesta cuando se trate de un reincidente o las dos terceras partes si es un multirreincidente. No obstante, en el caso de los reincidentes y multirreincidentes, el tribunal puede disponer la sustitución de la sanción cuando el sancionado haya extinguido, por lo menos, la tercera parte de aquella, si los requisitos a que se refiere el apartado siguiente, concurren de manera tan relevantemente positiva que justifican el otorgamiento anticipado del beneficio.

14. El tribunal, para proceder a la sustitución a que se refiere el apartado anterior, debe tener en cuenta la índole del delito y sus circunstancias, la connotación social del hecho, el comportamiento del sancionado en el establecimiento penitenciario, así como sus características personales.

15. Una vez dispuesta la sustitución de la sanción privativa de libertad, a que se refieren los apartados 13 y 14, regirá en lo atinente, lo establecido en los apartados 3, 4, 5, 6, 7 y 8 del artículo 32; los apartados 3, 5, 6, 7, 8 y 9 del artículo 33 y los apartados 3, 5, 6 y 7 del artículo 34, según la sanción que haya aplicado el tribunal como sustitutiva de la privación de libertad originalmente impuesta.

ARTÍCULO 31.1.- A los sancionados a privación perpetua o temporal de libertad, recluidos en establecimientos penitenciarios:

a) se les remunera por el trabajo socialmente útil que realizan. De dicha remuneración se descuentan las cantidades necesarias para cubrir el costo de su manutención, subvenir a las necesidades de su familia y satisfacer las responsabilidades civiles declaradas en la sentencia, así como otras obligaciones legalmente establecidas;

b) se les provee de ropa, calzado y artículos de primera necesidad, apropiados;

c) se les facilita el reposo diario normal y un día de descanso semanal;

ch) se les proporciona asistencia médica y hospitalaria, en caso de enfermedad;

d) se les concede el derecho a obtener las prestaciones a largo plazo de seguridad social, en los casos de invalidez total originada por accidentes del trabajo. Si, por la propia causa, el recluso falleciere, su familia recibirá la pensión correspondiente;

e) se les da oportunidad de recibir y ampliar su preparación cultural y técnica;

f) con arreglo a lo establecido en los reglamentos, se les proporciona la posibilidad de intercambiar correspondencia con personas no recluidas en centros penitenciarios y de recibir visitas y artículos de consumo; se les autoriza el uso del pabellón conyugal; se les proporciona oportunidad y medios de disfrutar de recreación y de practicar deportes de acuerdo con las actividades programadas por el establecimiento penitenciario; y se les promueve a mejores condiciones penitenciarias.

2. Las personas menores de 27 años de edad recluidas en establecimientos penitenciarios reciben una enseñanza técnica o se les adiestra en el ejercicio de un oficio acorde con su capacidad y grado de escolaridad.

3. En los casos de sancionados a privación temporal de libertad:

a) puede concedérseles, conforme se establezca en los reglamentos, permisos de salida del establecimiento penitenciario por tiempo limitado;

b) el tribunal sancionador puede concederles, por causas justificadas y previa solicitud, licencia extrapenal durante el tiempo que se considere necesario. También puede concederla el Ministro del Interior, por motivos extraordinarios, comunicándolo

al Presidente del Tribunal Supremo Popular.

4. El tiempo de las licencias extrapenales y de los permisos de salida del establecimiento penitenciario a los que se refiere el apartado anterior, se abonan al término de duración de la sanción privativa de libertad, siempre que el sancionado, en el disfrute de la licencia o del permiso, haya observado buena conducta. Asimismo, se abonan a dicho término las rebajas de sanción que se le hayan concedido al sancionado durante el cumplimiento de aquella.

5. El tiempo que el sancionado permanezca en un establecimiento hospitalario por habérsele apreciado la condición de dipsómano o toxicómano habitual que requiera tratamiento, se computará al término de la sanción impuesta. En cuanto al sancionado recluido en establecimiento penitenciario que, por presentar síntomas de enajenación mental, haya sido sometido a medida de seguridad, se estará, a los efectos del cómputo del tiempo que permanezca en esta situación, a lo que dispone la Ley de Procedimiento Penal.

SECCIÓN TERCERA. EL TRABAJO CORRECCIONAL CON INTERNAMIENTO

ARTÍCULO 32.1.- La sanción de trabajo correccional con internamiento es subsidiaria de la de privación de libertad que no exceda de cinco años y es aplicable cuando, por la índole del delito y sus circunstancias y por las características individuales del sancionado, existen razones fundadas para estimar que su reeducación es susceptible de obtenerse por medio del trabajo.

2. La duración de la sanción de trabajo correccional con internamiento es la misma que la de la sanción privativa de libertad que sustituye, fijada previamente por el tribunal.

3. Al aplicar la sanción de trabajo correccional con internamiento, el tribunal le impondrá al sancionado las obligaciones siguientes:

a) demostrar, con su buena actitud en el centro de trabajo al que se le destina, que ha comprendido las consecuencias desfavorables derivadas del hecho delictivo cometido;

b) emplear los ingresos provenientes de su trabajo para el cuidado y manutención de su familia, así como para el cumplimiento de las obligaciones impuestas en la sentencia y otras obligaciones legalmente establecidas.

4. La sanción de trabajo correccional con internamiento se cumple en el centro de trabajo que determinen los órganos competentes del Ministerio del Interior.

5. Al sancionado a trabajo correccional con internamiento se le autorizarán las visitas familiares

y los permisos de salida del centro de internamiento que contribuyan a conservar y mejorar su vinculación con su medio social y familiar.

6. Si el sancionado a trabajo correccional con internamiento, cumple satisfactoriamente con sus obligaciones, el tribunal podrá en cualquier momento suspender el cumplimiento de la sanción, previa solicitud de los órganos competentes del Ministerio del Interior.

7. El tribunal, al término de la sanción, la declarará extinguida y lo comunicará al Ministerio de Justicia a los efectos de que por éste se cancele en el Registro Central de Sancionados, el antecedente penal proveniente de dicha sanción.

8. Si el sancionado se niega a cumplir las obligaciones inherentes a la sanción de trabajo correccional con internamiento o, durante su ejecución, las incumple u obstaculiza su cumplimiento, o es sancionado a privación de libertad por un nuevo delito, el tribunal dispondrá que sufra lo que le resta de la sanción de privación de libertad originalmente fijada, después de deducir de la misma el tiempo cumplido de aquella.

SECCIÓN CUARTA. EL TRABAJO CORRECCIONAL SIN INTERNAMIENTO

ARTÍCULO 33.1.- La sanción de trabajo correccional sin internamiento es subsidiaria de la de privación de libertad que no exceda de cinco años y es aplicable cuando, por la índole del delito y sus circunstancias y por las características individuales del sancionado, existen razones fundadas para estimar que, a los efectos de la penalidad del hecho, resulta suficiente que el fin reeducativo de esta sanción se logre por medio del trabajo.

2. La duración de la sanción de trabajo correccional sin internamiento es la misma que la de la sanción de privación de libertad que sustituye, fijada previamente por el tribunal.

3. Al aplicar la sanción de trabajo correccional sin internamiento, el tribunal le impondrá al sancionado las obligaciones siguientes:

a) poner de manifiesto, con una buena actitud en el centro de trabajo donde se le ubique, que ha comprendido los objetivos que se persiguen con la sanción;

b) subvenir a las necesidades de su familia y satisfacer las responsabilidades civiles declaradas en la sentencia, así como otras obligaciones legalmente establecidas.

4. La sanción de trabajo correccional sin internamiento no se aplica a los que hayan sido sancionados durante los cinco años anteriores a privación de libertad por término mayor de un año o a multa superior a trescientas cuotas, a menos que circunstancias excepcionales, muy calificadas, lo hagan aconsejable a juicio del tribunal.

5. La sanción de trabajo correccional sin internamiento se cumple en el centro de trabajo del sancionado, o en otro a juicio del tribunal.

6. El sancionado, en todos los casos, será destinado a plaza de menor remuneración o calificación, o de condiciones laborales distintas y no podrá desempeñar funciones de dirección, administrativas o docentes, ni tendrá derecho a ascensos ni a aumentos de salario, durante el término de ejecución de la sanción.

7. La sanción de trabajo correccional sin internamiento se cumple bajo la supervisión y vigilancia de la administración y de las organizaciones de masas y sociales del centro de trabajo donde se le ubique. El tribunal comunicará a la Policía Nacional Revolucionaria la sanción, para que ésta coordine con aquéllas las formas adecuadas de su ejecución y se encargue de informar al tribunal el incumplimiento de las obligaciones impuestas al sancionado, de conformidad con los señalamientos que sobre ese particular reciba de las mencionadas organizaciones y administración.

8. Si el sancionado se niega a cumplir las obligaciones inherentes a la sanción de trabajo correccional sin internamiento o, durante su ejecución, las incumple u obstaculiza su cumplimiento, o es sancionado a privación de libertad por un nuevo delito, el tribunal dispondrá que cumpla lo que resta de la sanción de privación de libertad originalmente fijada, después de deducir de la misma el tiempo cumplido de aquélla.

9. Si el sancionado a trabajo correccional sin internamiento cumple las obligaciones impuestas, el tribunal, al transcurrir su término, declarará extinguida la sanción y lo comunicará al Ministerio de Justicia a los efectos de que por éste se cancele en el Registro Central de Sancionados, el antecedente penal proveniente de dicha sanción.

SECCIÓN QUINTA. LA LIMITACIÓN DE LIBERTAD

ARTÍCULO 34.1.- La sanción de limitación de libertad es subsidiaria de la de privación de libertad que no exceda de cinco años, y es aplicable cuando, por la índole del delito y sus circunstancias y por las características personales del sancionado, existen razones fundadas para estimar que la finalidad de la sanción puede ser alcanzada sin internamiento.

2. La duración de la sanción de limitación de libertad es la misma que la de la sanción de privación de libertad que sustituye, fijada previamente por el tribunal.

3. Durante la ejecución de la sanción de limitación de libertad el sancionado:

a) no puede cambiar de residencia sin autorización del tribunal;

b) no tiene derecho a ascensos ni a aumentos de salario;

c) está obligado a comparecer ante el tribunal cuantas veces sea llamado a ofrecer explicaciones sobre su conducta durante la ejecución de la sanción;

ch) debe observar una actitud honesta hacia el trabajo, de estricto cumplimiento de las leyes y de respeto a las normas de convivencia socialista.

4. La sanción de limitación de libertad no se aplica a los que hayan sido sancionados durante los cinco años anteriores a privación de libertad por término mayor de un año o a multa superior a trescientas cuotas, a menos que circunstancias excepcionales, muy calificadas, lo hagan aconsejable a juicio del tribunal.

5. La sanción de limitación de libertad se cumple bajo la supervisión y vigilancia de las organizaciones de masas y sociales del lugar de residencia del sancionado. El tribunal informará a la Policía Nacional Revolucionaria la sanción, para que ésta coordine con aquéllas las formas adecuadas de su ejecución y se encargue de informar al tribunal el incumplimiento de las obligaciones impuestas al sancionado, de conformidad con los señalamientos que sobre ese particular reciba de las mencionadas organizaciones.

6. Si el sancionado se niega a cumplir las obligaciones inherentes a la sanción de limitación de libertad o, durante su ejecución, las incumple u obstaculiza su cumplimiento, o es Sancionado a privación de libertad por un nuevo delito, el tribunal dispondrá que cumpla lo que resta de la sanción de privación de libertad originalmente fijada, después de deducir de la misma el tiempo cumplido de aquélla.

7. Si el sancionado a limitación de libertad cumple las obligaciones impuestas, el tribunal, al transcurrir su término, declarará extinguida la sanción y lo comunicará al Ministerio de Justicia, a los efectos de que por éste se cancele en el Registro Central de Sancionados, el antecedente penal proveniente de dicha sanción.

SECCIÓN SEXTA. LA MULTA

ARTÍCULO 35.1.- La multa consiste en la obligación del sancionado de pagar la cantidad de dinero que determine la sentencia.

2. Las multas estarán formadas por cuotas, las que no serán inferiores a un peso ni superiores a cincuenta pesos.

3. En el caso de la sanción de multa, el tiempo de detención o de prisión provisional se computa a razón de un día por cuota.

4. El tribunal, para determinar la cuantía de la cuota, tendrá en cuenta los ingresos que percibe el infractor o, en su caso, el salario que perciban los trabajadores de la misma o análoga categoría que la de él, cuidando de no afectar, en cuanto sea posible, la parte de sus recursos destinados a atender sus propias necesidades y las necesidades de las personas a su abrigo.

5. La multa se abona dentro del término de treinta días a partir del requerimiento para su pago efectuado por el tribunal. Transcurrido este término sin hacerse efectiva, el tribunal dispondrá el cobro de la misma mediante la vía de apremio que establece la legislación correspondiente. En caso de insolvencia, el sancionado será recluido en el establecimiento que determine el tribunal por el tiempo que sea necesario para que, con su trabajo, satisfaga la multa o la parte de ella no abonada, sufriendo apremio personal a razón de un día por cuota, el cual no podrá exceder de seis meses si la multa es de doscientas cuotas o menos, ni de dos años si es superior a esta cantidad y hasta mil cuotas, y hasta ocho años en los demás casos. Tan pronto como el sancionado satisfaga la multa o la parte de ella que le falte por abonar, se cancelará el apremio personal.

6. Si el sancionado lo solicita y existen razones que lo justifiquen, el tribunal puede acordar el pago a plazos de la multa dentro de un período que no podrá exceder de dos años. El incumplimiento en el pago de alguno de los plazos lleva aparejada la pérdida de este beneficio, aplicándose, en lo atinente, lo dispuesto en el apartado anterior.

7. En la aplicación de la sanción de multa a las personas jurídicas se seguirán las reglas siguientes:

a) las multas estarán también formadas por cuotas, las que no podrán ser inferiores a cien pesos ni superiores a mil pesos;

b) el tribunal, para determinar la cuantía de la cuota, tendrá en cuenta el capital social de la entidad, así como la naturaleza y consecuencias del delito;

c) la multa se abonará, íntegramente, dentro del término de cinco días hábiles contados a partir del requerimiento para su pago, efectuado por el tribunal;

ch) transcurrido el término a que se refiere el inciso anterior, sin hacerse efectiva la multa, el tribunal dispondrá su cobro mediante la vía de apremio que establece la legislación correspondiente.

SECCIÓN SEPTIMA. LA AMONESTACIÓN

ARTÍCULO 36.1.- La amonestación consiste en reprochar al sancionado su conducta infractora, oralmente, en público o en privado, y en forma breve y sencilla, cuidando de no humillarlo ni herir su dignidad y exhortándolo a no reincidir, sugiriéndole, de ser posible y oportuno, los medios racionales de prevenir nuevas conductas infractoras.

2. El tribunal puede imponer la sanción de amonestación en sustitución de la de multa hasta cien cuotas, cuando por la naturaleza del hecho y las características individuales del infractor, sea

razonable suponer que la finalidad de la sanción puede ser alcanzada sin necesidad de afectación patrimonial.

3. La amonestación, como sanción subsidiaria de la de multa, no puede imponerse más que una vez con respecto a infracciones análogas cometidas por la misma persona en el curso de un año, ni tampoco es aplicable a reincidentes o multirreincidentes.

4. La amonestación se ejecuta por el presidente del tribunal o por otro de sus jueces, designado al efecto.

CAPÍTULO IV. LAS SANCIÓNES ACCESORIAS

SECCIÓN PRIMERA. LA PRIVACIÓN DE DERECHOS

ARTÍCULO 37.1.- La Sanción de privación de derechos comprende la pérdida del derecho al sufragio activo y pasivo, así como del derecho a ocupar cargo de dirección en los órganos correspondientes a la actividad político-administrativa del Estado, en unidades económicas estatales y en organizaciones de masas y sociales.

2. La sanción de privación de derechos se aplica en todos aquellos casos en que se impone la de privación de libertad, y su duración es por término igual que el de ésta.

3. El tribunal puede extender la sanción de privación de derechos por un período igual al de privación de libertad a partir del cumplimiento de ésta, sin exceder de cinco años.

SECCIÓN SEGUNDA. LA PRIVACIÓN O SUSPENSIÓN DE DERECHOS PATERNO-FILIALES Y DE TUTELA

ARTÍCULO 38.- El tribunal, en los casos previstos en este Código, puede imponer la sanción de privación o suspensión temporal del ejercicio de la patria potestad o de la tutela.

SECCIÓN TERCERA. LA PROHIBICIÓN DEL EJERCICIO DE UNA PROFESIÓN, CARGO U OFICIO

ARTÍCULO 39.1. La sanción de prohibición de ejercer una profesión, cargo u oficio puede aplicarse facultativamente por el tribunal, en los casos en que el agente comete el delito con abuso de su cargo o por negligencia en el cumplimiento de sus deberes.

2. El término de esta sanción es de uno a cinco años excepto cuando en la Parte Especial se señale expresamente otro, o cuando la sanción impuesta sea la de privación de libertad superior a cinco años.

En este último caso, el término de la sanción accesoria de prohibición de ejercer una profesión, cargo u oficio determinado podrá extenderse hasta el doble del correspondiente a la principal.

SECCIÓN CUARTA. LA SUSPENSIÓN DE LA LICENCIA DE CONDUCCIÓN

ARTÍCULO 40.- La sanción de suspensión de la licencia de conducción inhabilita al sancionado para conducir vehículos, y puede imponerse facultativamente por el tribunal, en los casos y condiciones a que se refiere el artículo 182.

SECCIÓN QUINTA. LA PROHIBICIÓN DE FRECUENTAR MEDIOS O LUGARES DETERMINADOS

ARTÍCULO 41.1.- La sanción de frecuentar medios o lugares determinados del territorio nacional se impone por el término de hasta cinco años.

2. El tribunal puede aplicar esta sanción cuando existan fundadas razones para presumir que la presencia del sancionado en determinado lugar puede inclinarlo a cometer nuevos delitos.

3. La sentencia se comunica a la Policía Nacional Revolucionaria a fin de que, durante su ejecución, controle y oriente al sancionado e informe al tribunal cualquier incumplimiento por parte de éste.

SECCIÓN SEXTA. EL DESTIERRO

ARTÍCULO 42.1.- La sanción de destierro consiste en la prohibición de residir en un lugar determinado o la obligación de permanecer en una localidad determinada.

2. El término de la sanción de destierro es de uno a diez años.

3. La sanción de destierro puede imponerse en todos aquellos casos en que la permanencia del Sancionado en un lugar resulte socialmente peligrosa.

4. El destierro no es aplicable a las personas que no hayan cumplido los 18 años de edad.

SECCIÓN SÉPTIMA. EL COMISO

ARTÍCULO 43.1.- La sanción de comiso consiste en desposeer al Sancionado de los bienes u objetos que sirvieron o estaban destinados a servir para la perpetración del delito y los provenientes directa o indirectamente del mismo, así como los de uso, tenencia o comercio ilícito que le hubieran sido ocupados.

2. Esta sanción comprende también los efectos o instrumentos del delito a que se refiere el apartado anterior, que se encuentren en posesión o propiedad de terceros no responsables, cuando tal posesión

o propiedad resulte el medio para ocultar o asegurar esos bienes u objetos, o para beneficiar a dichos terceros.

3. En cuanto al destino de los bienes decomisados, se seguirán las reglas siguientes:

a) si se trata de sustancias dañinas o que carecen de utilidad, los bienes decomisados se destruirán;

b) en los demás casos, a dichos bienes se les dará el destino más útil desde el punto de vista económico-social, estando obligada la entidad que lo comercialice a abonar el importe correspondiente al Presupuesto del Estado, con excepción de los bienes que por su naturaleza, no proceda efectuar su venta o sean destinados a las instituciones de la defensa.

SECCIÓN OCTAVA. LA CONFISCACIÓN DE BIENES

ARTÍCULO 44.1.- La sanción de confiscación de bienes consiste en desposeer al sancionado de sus bienes, total o parcialmente, transfiriéndolos a favor del Estado.

2. La confiscación de bienes no comprende, sin embargo, los bienes u objetos que sean indispensables para satisfacer las necesidades vitales del sancionado o de los familiares a su abrigo.

3. La sanción de confiscación de bienes la aplica el tribunal a su prudente arbitrio en los delitos contra la seguridad del Estado, contra los derechos patrimoniales y contra la economía nacional. También es aplicable, preceptiva o facultativamente, en los demás delitos previstos en la parte especial de este Código según se establezca.

SECCIÓN NOVENA. LA SUJECIÓN A LA VIGILANCIA DE LOS ÓRGANOS Y ORGANISMOS QUE INTEGRAN LAS COMISIONES DE PREVENCIÓN Y ATENCIÓN SOCIAL

ARTÍCULO 45.1.- La sanción de sujeción a la vigilancia de los órganos y organismos que integran las comisiones de prevención y atención social consiste en la obligación del sancionado de cumplir las medidas que, a los efectos de la observación y orientación de su conducta, establezcan aquellos. Su duración no puede ser por término menor de seis meses ni mayor de cinco años.

2. Esta sanción es aplicable en todos aquellos casos en que el tribunal lo estime conveniente por la índole del delito cometido y por las características personales del sancionado.

3. La ejecución de esta sanción corresponde a los referidos órganos de prevención, a los cuales el tribunal señalará, en la oportunidad en que la pronuncie, los períodos en que deben informar sobre su cumplimiento.

SECCIÓN DÉCIMA. LA EXPULSIÓN DE EXTRANJEROS DEL TERRITORIO NACIONAL

ARTÍCULO 46.1.- Al sancionar a un extranjero, el tribunal puede imponerle, como sanción accesoria, su expulsión del territorio nacional si por la índole del delito, las circunstancias de su comisión o las características personales del inculpado, se evidencia que su permanencia en la República es perjudicial.

2. La expulsión se cumple después de extinguida la sanción principal.

3. El Ministro de Justicia puede, en casos excepcionales, decretar la expulsión del extranjero Sancionado, antes de que cumpla la sanción principal impuesta, aún cuando no se haya aplicado a aquél la accesoria a que se refiere este artículo. En estos casos se declarará extinguida la responsabilidad penal del sancionado de conformidad con lo establecido en el inciso j) del artículo 59.

CAPÍTULO V. LA ADECUACIÓN DE LA SANCIÓN

SECCIÓN PRIMERA. DISPOSICIONES GENERALES

ARTÍCULO 47.1.- El tribunal fija la medida de la sanción, dentro de los límites establecidos por la ley, guiándose por la conciencia jurídica socialista y teniendo en cuenta, especialmente, el grado de peligro social del hecho, las circunstancias concurrentes en el mismo, tanto atenuantes como agravantes, y los móviles del inculpado, así como sus antecedentes, sus características individuales, su comportamiento con posterioridad a la ejecución del delito y sus posibilidades de enmienda.

2. Una circunstancia que es elemento constitutivo de un delito no puede ser considerada, al mismo tiempo, como circunstancia agravante de la responsabilidad penal.

3. Las circunstancias atenuantes y agravantes previstas respectivamente en los incisos c) y g) del artículo 52, e incisos b), c), ch), e) y g) del artículo 53, así como la reincidencia y la multirreincidencia, son aplicables a las personas jurídicas.

4.- Si al dictar sentencia el Tribunal considera que la sanción a imponer, aun en el límite mínimo previsto para el delito calificado, resulta excesivamente severa, podrá excepcionalmente adecuar la sanción dentro del marco previsto para la modalidad básica del propio delito.

SECCIÓN SEGUNDA. LA ADECUACIÓN DE LA SANCIÓN EN LOS DELITOS POR IMPRUDENCIA

ARTÍCULO 48.1.- Los delitos por imprudencia se sancionan con privación de libertad de cinco días a ocho años o con multa de cinco a mil quinientas cuotas. La sanción no podrá exceder de la mitad de la establecida para cada delito en particular, salvo que otra cosa se disponga en la Parte Especial de este Código o en otra ley.

2. Para la adecuación de la sanción, el tribunal tiene en cuenta, en cada caso, la gravedad de la infracción, la facilidad de prever o evitar su comisión y si el autor ha cometido con anterioridad otro delito por imprudencia.

SECCIÓN TERCERA. LA ADECUACIÓN DE LA SANCIÓN EN LOS ACTOS PREPARATORIOS Y LA TENTATIVA

ARTÍCULO 49.- Para la adecuación de la sanción al respecto de los actos preparatorios y la tentativa, se tiene en cuenta hasta qué punto la actuación del culpable se acercó a la ejecución o consumación del delito y las causas por las cuales no llegó a consumarse éste.

SECCIÓN CUARTA. LA ADECUACIÓN DE LA SANCIÓN EN CUANTO A LOS AUTORES Y CÓMPLICES

ARTÍCULO 50.- Para adecuar la sanción en caso de pluralidad de autores, el tribunal tiene en cuenta el grado en que la acción de cada uno contribuyó a la comisión del delito, y para la de los cómplices, la entidad y naturaleza de su participación.

SECCIÓN QUINTA. LA INCOMUNICABILIDAD DE LAS CIRCUNSTANCIAS

ARTÍCULO 51.- Las circunstancias estrictamente personales, eximentes, atenuantes o agravantes, de la responsabilidad penal, sólo se aprecian respecto a la persona en quien concurran.

SECCIÓN SEXTA. LAS CIRCUNSTANCIAS ATENUANTES O AGRAVANTES

ARTÍCULO 52.- Son circunstancias atenuantes las siguientes:

a) haber obrado el agente bajo la influencia de una amenaza o coacción;

b) haber obrado el agente bajo la influencia directa de una persona con la que tiene estrecha relación de dependencia;

c) haber cometido el delito en la creencia, aunque errónea, de que se tenía derecho a realizar el hecho sancionable;

ch) haber procedido el agente por impulso espontáneo a evitar, reparar o disminuir los efectos del delito, o a dar satisfacción a la víctima, o a confesar a las autoridades su participación en el hecho, o a ayudar a su esclarecimiento;

d) haber obrado la mujer bajo trastornos producidos por el embarazo, la menopausia, el período menstrual o el puerperio;

e) haber mantenido el agente, con anterioridad a la perpetración del delito, una conducta destacada en el cumplimiento de sus deberes para con la Patria, el trabajo, la familia y la sociedad;

f) haber obrado el agente en estado de grave alteración síquica provocada por actos ilícitos del ofendido;

g) haber obrado el agente obedeciendo a un móvil noble;

h) haber incurrido el agente en alguna omisión a causa de la fatiga proveniente de un trabajo excesivo.

ARTÍCULO 53.- Son circunstancias agravantes las siguientes:

a) cometer el hecho formando parte de un grupo integrado por tres o más personas;

b) cometer el hecho por lucro o por otros móviles viles, o por motivos fútiles;

c) ocasionar con el delito graves consecuencias;

ch) cometer el hecho con la participación de menores;

d) cometer el delito con crueldad o por impulsos de brutal perversidad;

e) cometer el hecho aprovechando la circunstancia de una calamidad pública o de peligro inminente de ella, u otra situación especial;

f) cometer el hecho empleando un medio que provoque peligro común;

g) cometer el delito con abuso de poder, autoridad o confianza;

h) cometer el hecho de noche, o en despoblado, o en sitio de escaso tránsito u oscuro, escogidas estas circunstancias de propósito o aprovechándose de ellas;

i) cometer el delito aprovechando la indefensión de la víctima, o la dependencia o subordinación de ésta al ofensor;

j) ser cónyuge y el parentesco entre el ofensor y la víctima hasta el cuarto grado de consanguinidad o segundo de afinidad. Esta agravante sólo se tiene en cuenta en los delitos contra la vida y la integridad corporal, y contra el normal desarrollo de las relaciones sexuales, la familia, la infancia y la juventud;

k) cometer el hecho no obstante existir amistad o afecto íntimo entre el ofensor y el ofendido;

l) cometer el delito bajo los efectos de la ingestión de bebidas alcohólicas y siempre que en tal situación se haya colocado voluntariamente el agente con el propósito de delinquir o que la embriaguez sea habitual;

ll) cometer el delito bajo los efectos de la ingestión, absorción o inyección de drogas tóxicas o sustancias alucinógenas, hipnóticas, estupefacientes u otras de efectos similares y siempre que en tal situación se haya colocado voluntariamente el agente con el propósito de delinquir o que sea toxicómano habitual;

m) (Derogado).

n) cometer el hecho después de haber sido objeto de la advertencia oficial efectuada por la autoridad competente.

ñ) cometer el hecho contra cualquier persona que actúe justamente en cumplimiento de un deber legal o social o en venganza o represalia por su actuación; y

o) cometer el hecho contra personas o bienes relacionados con actividades priorizadas para el desarrollo económico y social del país.

SECCIÓN SEPTIMA. LA ATENUACIÓN Y AGRAVACIÓN EXTRAORDINARIA DE LA SANCIÓN

ARTÍCULO 54.1.- De concurrir varias circunstancias atenuantes, o de manifestarse alguna de ellas de modo muy intenso, o siendo un colaborador eficaz conforme a las técnicas especiales de investigación, el Tribunal puede disminuir hasta la mitad el límite mínimo de la sanción prevista para el delito.

2. De concurrir varias circunstancias agravantes o por manifestarse alguna de ellas de modo muy intenso, el tribunal puede aumentar hasta la mitad el límite máximo de la sanción prevista para el delito.

3. Cuando se aprecien circunstancias atenuantes y agravantes, aun aquellas que se manifiesten de modo muy intenso, los tribunales imponen la sanción compensando las unas con las otras a fin de encontrar la proporción justa de ésta.

4. El tribunal, en los casos de delitos intencionales, aumentará hasta el doble los límites mínimos y máximos de la sanción prevista para el delito cometido, si al ejecutar el hecho el autor se halla extinguiendo una sanción o medida de seguridad o sujeto a una medida cautelar de prisión provisional o evadido de un establecimiento penitenciario o durante el período de prueba correspondiente a su remisión condicional.

SECCIÓN OCTAVA. LA REINCIDENCIA Y MULTIRREINCIDENCIA

ARTÍCULO 55.1.- Hay reincidencia cuando al delinquir el culpable ya había sido ejecutoriamente sancionado con anterioridad por otro delito intencional, bien sea éste de la misma especie o de especie diferente.

2. Hay multirreincidencia cuando al delinquir el culpable ya había sido ejecutoriamente sancionado con anterioridad por dos o más delitos intencionales, bien sean éstos de la misma especie o de especies diferentes.

3. Con respecto al acusado que comete un delito intencional reprimido con sanción que exceda de un año de privación de libertad o de trescientas cuotas de multa, el tribunal le adecua la sanción de la manera siguiente:

a) si con anterioridad ha sido sancionado por un delito de la misma especie del que se juzga, dentro de la escala resultante después de haber aumentado en un tercio sus límites mínimo y máximo;

b) si con anterioridad ha sido sancionado por dos o más delitos de la misma especie del que se juzga, dentro de la escala resultante después de haber aumentado en la mitad sus límites mínimo y máximo;

c) si con anterioridad ha sido sancionado por un delito de especie distinta del que se juzga, dentro de la escala resultante después de haber aumentado en una cuarta parte sus límites mínimo y máximo;

ch) si con anterioridad ha sido sancionado por dos o más delitos de especie distinta del que se juzga, dentro de la escala resultante después de haber aumentado en un tercio sus límites mínimo y máximo.

4. Con respecto al acusado que comete un delito intencional, reprimido con sanción hasta un año de privación de libertad o de trescientas cuotas de multa, el Tribunal podrá adecuar la sanción en la forma indicada en el apartado que antecede.

5. En cualquiera de estos casos, el tribunal puede disponer, en la propia sentencia, que, una vez cumplida la sanción de privación de libertad, el sancionado quede sujeto a una vigilancia especial de los órganos de la Policía Nacional Revolucionaria por un período de tres a cinco años, e imponerle todas o algunas de las obligaciones siguientes, que pueden ser cambiadas o modificadas en cualquier momento por el propio tribunal:

a) prohibición de cambiar de residencia sin autorización del tribunal;

b) prohibición de frecuentar medios o lugares determinados;

c) presentación ante el tribunal en las oportunidades que éste previamente le fije;

ch) cualquier otra medida que pueda contribuir a su reeducación.

6. A los efectos de la aplicación de las disposiciones contenidas en este artículo, los tribunales tendrán en cuenta las sentencias dictadas por los tribunales extranjeros, acreditadas éstas de conformidad con los tratados suscritos por la República o, en su defecto, mediante certificación expedida por el Registro Central de Sancionados.

SECCIÓN NOVENA. LA SANCIÓN CONJUNTA

ARTÍCULO 56.1.- Al responsable de dos o más delitos respecto a los cuales no se haya dictado todavía sentencia, el tribunal, con aplicación en lo pertinente de los artículos 10 y 11, considerando previamente las sanciones correspondientes a cada uno, le impone una sanción única, observando, al efecto, las reglas siguientes:

a) Si por cualquiera de los delitos en concurso ha fijado la sanción de muerte, o la sanción de privación perpetua de libertad, no impone más que una u otra de estas sanciones;

b) si por todos los delitos en concurso ha fijado sanción de privación de libertad, impone una sola sanción, que no puede ser inferior a la de mayor rigor ni exceder del total de las que hubiere fijado separadamente para cada delito;

c) si ha fijado multa a todas las infracciones, impone una multa única, que no puede ser inferior a la de mayor rigor, ni puede exceder de la suma de las que haya impuesto separadamente para cada infracción;

ch) si se han fijado sanciones de privación de libertad y multa, añade las de multa a aquéllas, después de convertir en única las de cada clase, siguiendo las normas anteriores;

d) aplica cualquiera o todas las sanciones accesorias que correspondan a los delitos en concurso.

2. Cuando se juzga por un nuevo delito a quien ha sido ya sancionado, en el caso de que no haya comenzado a cumplir la sanción anterior, o en el de hallarse cumpliéndola, la sanción se impone respecto a todos los delitos, aplicando las disposiciones contenidas en el apartado anterior y considerando la sanción anteriormente impuesta o lo que de ella resta por cumplir, como la correspondiente a dicho delito. No obstante, si es un Tribunal Municipal Popular el que conoce del nuevo delito y la sanción anterior ha sido pronunciada por un tribunal de una instancia superior, aquél se limitará a imponer la sanción correspondiente al delito que juzga y dará cuenta a éste, con los antecedentes pertinentes de las respectivas causas, para que sea el mismo el que aplique la sanción conjunta.

3. Cuando una persona se halle extinguiendo dos o más sanciones de privación de libertad por no habérsele impuesto oportunamente una sanción única por cualquier circunstancia, el Tribunal Provincial Popular del territorio donde se encuentre cumpliendo reclamará los antecedentes pertinentes de las causas por las que fue sancionada y procederá a aplicar la sanción conjunta

4. (Derogado).

CAPÍTULO VI. LA REMISION CONDICIONAL DE LA SANCIÓN

ARTÍCULO 57.1.- Los tribunales, al dictar sentencia tanto en primera instancia como en apelación o casación, pueden disponer la remisión condicional de las sanciones de privación de libertad que no excedan de cinco años, si, apreciando las características individuales del Sancionado, su vida anterior, sus relaciones personales y el medio en que se desenvuelve y vive, existen razones fundadas para considerar que el fin de la punición puede ser alcanzado aún sin la ejecución de la sanción.

2. La remisión condicional no es aplicable a los reincidentes, a menos que circunstancias extraordinarias, muy calificadas, la hagan aconsejable. Al sancionado multirreincidente no se le aplica en ningún caso.

3. El tribunal puede supeditar la remisión condicional al compromiso asumido por una organización política, de masas o social a que pertenezca el sancionado, o por su colectivo de trabajo o unidad militar, de que lo orientará y adoptará las medidas apropiadas para que en lo sucesivo no incurra en nuevo delito.

4. La remisión condicional de la sanción implica un período de prueba de uno a cinco años de duración, pero en ningún caso su plazo podrá ser inferior al del término de la sanción impuesta. El período de prueba de la remisión condicional comienza a correr desde el momento en que la sentencia adquiera firmeza.

5. El tribunal puede, además, imponer al Sancionado beneficiario de la remisión condicional todos o algunos de los deberes siguientes:

a) reparar el daño causado;

b) ofrecer excusas a la víctima del delito;

c) abstenerse de frecuentar medios o lugares determinados;

ch) cualquier otra actividad o restricción de actividad que contribuya a evitar que incurra en un nuevo delito.

Los deberes señalados en los incisos c) y ch) pueden ser modificados o variados por el tribunal en cualquier momento en el transcurso del período de prueba.

6. El tribunal comunicará la remisión condicional acordada, a los órganos de la Policía

Nacional Revolucionaria, así como a las organizaciones de masas y sociales del centro de trabajo y del lugar de residencia del sancionado, a fin de que observen y orienten la conducta del beneficiario durante el período de prueba.

7. El tribunal ordenará la ejecución de la sanción si durante el período de prueba el beneficiario de la remisión condicional es sancionado a privación de libertad por un nuevo delito o incumple cualquiera de los deberes que le incumben u observa una conducta antisocial, o cuando la

organización política, de masas o social, el colectivo de trabajo o la unidad militar, retiran la garantía que ofrecieron o se descubre que durante los cinco años anteriores aquél cometió un delito de índole tal que es incompatible con la concesión del beneficio.

8. La orden de ejecución de la sanción remitida no puede ser dictada sino dentro del período de prueba. No obstante, podrá dictarse durante los seis meses siguientes si la causa de revocación llega a conocimiento del tribunal con posterioridad al vencimiento de dicho período.

9. Transcurrido el período de prueba sin haber surgido ningún motivo determinante de la revocación de la remisión condicional de la sanción, el tribunal declarará extinguida la sanción.

10. La organización política, de masas o social, o el colectivo de trabajo o unidad militar que asumieron el compromiso de orientar al sancionado, así como los órganos de la Policía Nacional Revolucionaria o las organizaciones de masas y sociales que, según lo dispuesto en el apartado 6, quedaron encargados de la observación y orientación de la conducta del sancionado, pueden solicitar del tribunal, mediante instancia fundada, que reduzca el período de prueba, siempre que haya decursado más de la mitad del mismo.

TÍTULO VII. LA LIBERTAD CONDICIONAL

ARTÍCULO 58.1.- El tribunal puede disponer la libertad condicional del sancionado a privación temporal de libertad si, apreciando sus características individuales y su comportamiento durante el tiempo de su reclusión, existen razones fundadas para considerar que se ha enmendado y que el fin de la punición se ha alcanzado sin necesidad de ejecutarse totalmente la sanción, siempre que haya extinguido, por lo menos, uno de los términos siguientes:

a) la tercera parte de la sanción impuesta, cuando se trate de sancionados que no hayan arribado a los 20 años de edad al comenzar a cumplir la sanción;

b) la mitad del término de la sanción impuesta, cuando se trate de sancionados primarios;

c) las dos terceras partes de la sanción impuesta, cuando se trate de reincidentes o multirreincidente.

2. En casos extraordinarios, el Ministro de Justicia, oyendo previamente el parecer del Ministro del Interior, puede proponer, a las Salas correspondientes del Tribunal Supremo Popular y éstas otorgar, la libertad condicional aunque no se haya extinguido la parte de la sanción establecida en el apartado anterior.

3. La libertad condicional se otorga previa evaluación de conducta que debe elaborar el órgano correspondiente del Ministerio del Interior. En todo caso se oirá el parecer del fiscal.

4. La libertad condicional implica un período de prueba por un término igual al resto de la sanción que al liberado le quede por extinguir. El tribunal, en la resolución que disponga la libertad condicional, señalará las obligaciones que el beneficiario tiene que cumplir, especialmente, las

relacionadas con las actividades laborales que puede desarrollar durante el período de prueba, así como respecto a cualquier otra actividad o restricción de actividad que contribuya a evitar que incurra en nuevo delito.

5. El tribunal puede supeditar la concesión de la libertad condicional del Sancionado al hecho de que alguna organización política, de masas o social, o unidad militar a que éste pertenezca, o su colectivo de trabajo, asuma el compromiso de que orientará su conducta y adoptará las medidas apropiadas para que en lo sucesivo no incurra en nuevo delito.

6. El tribunal comunicará a los órganos de la Policía Nacional Revolucionaria, así como a las organizaciones de masas y sociales del lugar de residencia del sancionado, la libertad condicional acordada, a fin de que éstos observen y orienten la conducta del liberado durante el período de prueba.

7. El tribunal ordenará la ejecución de la parte incumplida de la sanción si durante el período de prueba el que disfruta de libertad condicional es sancionado a privación de libertad por un nuevo delito u observa una conducta antisocial, o la organización política, de masas o social, el colectivo de trabajo o la unidad militar que ofrecieron la garantía, la retiran.

8. En caso de revocación de la libertad condicional, el tiempo durante el cual el liberado disfrutó de dicha libertad se abonará al cumplimiento de la sanción.

El párrafo primero del apartado 1 de este artículo fue modificado por el artículo 7 de la Ley No. 87, Modificativa del Código Penal, de 16 de febrero de 1999 (G.O. Extraordinaria No. 1 de marzo de 1999, pág. 1). El apartado 4 de este artículo fue modificado por el artículo 14 del Decreto-Ley No. 175, Modificativo del Código Penal, de 17 de junio de 1997 (G.O. Extraordinaria No. 6 de 26 de junio de 1997, pág. 37).

TÍTULO VIII. LA EXTINCIÓN DE LA RESPONSABILIDAD PENAL

ARTÍCULO 59.- La responsabilidad penal se extingue:

a) por muerte del reo;

b) por haber cumplido la sanción impuesta;

c) por haber transcurrido el período de prueba correspondiente a la remisión condicional de la sanción;

ch) por amnistía;

d) por indulto;

e) por sentencia absolutoria dictada en procedimiento de revisión;

f) por prescripción de la acción penal;

g) por prescripción de la sanción;

h) por desistimiento del querellante en los delitos perseguibles sólo a instancia de parte;

i) por el desistimiento del denunciante en los delitos en que así se disponga en la Parte Especial de este Código;

j) por la expulsión del territorio nacional del extranjero Sancionado, en el caso a que se refiere el apartado 3 del artículo 46.

ARTÍCULO 60.- La muerte del reo extingue la responsabilidad penal; pero la responsabilidad civil se extingue sólo cuando el Sancionado muere en estado de insolvencia.

ARTÍCULO 61.1.- La amnistía extingue la sanción y todos sus efectos, aunque no se extiende a la responsabilidad civil, a menos que en la ley respectiva se disponga otra cosa.

2. El Sancionado por delitos unidos en conexión sustantiva, sólo se considerará amnistiado cuando en la ley de amnistía se incluyan todos los delitos que integran el concurso. Caso contrario, cumplirá la sanción correspondiente al delito o delitos que no han sido objeto de amnistía.

ARTÍCULO 62.1.- El indulto no extingue más que la sanción principal y nunca las sanciones accesorias, a menos que hayan sido incluidas expresamente en el mismo.

2. El indulto no puede comprender la responsabilidad civil ni puede extenderse a la cancelación de los antecedentes penales del reo en el Registro Central de Sancionados, a menos que aquél tenga carácter definitivo y estos efectos se dispongan expresamente en la resolución en que se acuerde.

ARTÍCULO 63.- La sentencia absolutoria dictada en procedimiento de revisión extingue la responsabilidad penal y civil.

ARTÍCULO 64.1.- La acción penal prescribe por el transcurso de los términos siguientes, contados a partir de la comisión del hecho punible:

a) veinticinco años, cuando la ley señala al delito una sanción superior a diez años de privación de libertad;

b) quince años, cuando la ley señala al delito una sanción de privación de libertad de seis años y un día hasta diez años;

c) diez años, cuando la ley señala al delito una sanción de privación de libertad de dos años y un día hasta seis años:

ch) cinco años, cuando la ley señala cualquier otra sanción de privación de libertad;

d) tres años, cuando la ley señala cualquier otra sanción.

2. Cuando se trate de delitos para los cuales la ley señala más de una sanción, se estará, a los efectos del cómputo de los términos anteriores, a la cualitativamente más severa, y dentro de ésta al límite máximo que para el delito tenga previsto la ley.

3. La prescripción se interrumpe:

a) desde que el procedimiento se inicie contra el culpable;

b) por todo acto del órgano competente del Estado, dirigido a la persecución del autor;

c) si el autor, en el curso de la prescripción, comete un nuevo delito.

4. Después de cada interrupción, la prescripción comienza a decursar de nuevo. En estos casos, la acción penal prescribe también al transcurrir el doble del término señalado para su prescripción.

5. Las disposiciones sobre la prescripción de la acción penal no son aplicables en los casos en que la ley prevé la sanción de muerte y en los delitos de lesa humanidad.

ARTÍCULO 65.1.- Las sanciones impuestas por sentencia firme prescriben y no pueden ser ejecutadas por el transcurso de los plazos siguientes:

a) treinta años, cuando la sanción impuesta es la de muerte;

b) veinticinco años, cuando la sanción impuesta es superior a diez años de privación de libertad;

c) veinte años, cuando la sanción impuesta es de seis años y un día a diez años de privación de libertad;

ch) diez años, cuando la sanción impuesta es de seis años o menos de privación de libertad;

d) cinco años, respecto a todas las demás.

2. Si se hubiere impuesto más de una sanción, se estará a la más severa a los efectos del cómputo de los anteriores términos.

3. La prescripción se interrumpe:

a) durante el tiempo en que, por disposición de la ley, la ejecución de la sanción no pueda efectuarse;

b) por toda disposición del tribunal, dirigida a lograr que la sanción se ejecute.

4. Después de cada interrupción, la prescripción comienza a decursar de nuevo.

En estos casos, la ejecución de la sanción prescribe también al transcurrir el doble del término señalado para su prescripción.

5. Las disposiciones sobre la prescripción de la sanción no son aplicables con respecto a los delitos de lesa humanidad.

TÍTULO IX. LOS ANTECEDENTES PENALES

ARTÍCULO 66.- Constituyen antecedentes penales y, en consecuencia, se inscriben en el Registro Central de Sancionados:

a) las sanciones impuestas en sentencia firme por los Tribunales Populares, con excepción de la de amonestación, así como de la de multa inferior a doscientas cuotas;

b) las sanciones impuestas por los Tribunales Militares por delitos no militares, con excepción de la de amonestación, así como de la de multa inferior a doscientas cuotas;

c) las sanciones impuestas por los Tribunales Militares por delitos militares, cuando expresamente así se disponga en la propia sentencia;

ch) las sanciones aplicadas a ciudadanos cubanos por tribunales extranjeros, en los casos y con las condiciones establecidas en los reglamentos.

ARTÍCULO 67.1.- Los antecedentes penales se cancelan de oficio o a instancia del propio interesado.

2. Los antecedentes penales se cancelan de oficio cuando el Registro Central de Sancionados, por cualquier medio, tenga conocimiento de que se ha producido alguna de las circunstancias siguientes:

a) muerte del sancionado;

b) haber arribado el sancionado a los setenta años de edad y no hallarse cumpliendo sanción;

c) haberse dictado sentencia absolutoria en proceso de revisión o de inspección judicial;

ch) amnistía;

d) indulto definitivo, siempre que en el acuerdo que lo conceda se disponga expresamente la cancelación del antecedente penal;

e) referirse el antecedente penal a hechos que, por efectos de una ley penal posterior hayan dejado de constituir delito;

f) estar dispuesto, específicamente, en este Código;

g) haber transcurrido diez años a partir de la fecha en que fue cumplida la sanción impuesta.

3. La cancelación de oficio, a que se refiere el inciso g) del apartado anterior, no procederá, en ningún caso, cuando se trate de reincidentes o multirreincidentes, o de Sancionados por delitos contra la seguridad del Estado.

4. Los antecedentes penales también se cancelan por el Ministerio de Justicia, a instancia del propio sancionado, siempre que se hayan cumplido los requisitos siguientes:

a) haber extinguido el sancionado todas las sanciones impuestas, ya sea por cumplimiento o, en caso de indulto, remisión condicional, o libertad condicional, por haber decursado el término en que debieron haber quedado cumplidas;

b) haber satisfecho totalmente el sancionado la responsabilidad civil, o hallarse cumpliéndola satisfactoriamente;

c) haber transcurrido, después de extinguida la sanción, el término que, según la cuantía o naturaleza de la impuesta, se dispone en el apartado siguiente;

ch) haber observado el Sancionado con posterioridad al cumplimiento de la sentencia, o desde que fue indultado, remitida la sanción o puesto en libertad condicional, una conducta ajustada a las normas de la convivencia social y una actitud honrada ante el trabajo.

5. El término que debe transcurrir, a los efectos de la cancelación de los antecedentes penales a instancia del propio Sancionado, es el que corresponda según la escala siguiente:

a) el de diez años, cuando la sanción impuesta sea la de privación de libertad de diez años y un día a treinta años;

b) el de ocho años, cuando la sanción impuesta sea la de privación de libertad de seis años y un día a diez años;

c) el de cinco años, cuando la sanción impuesta sea la de privación de libertad de tres años y un día a seis años;

ch) el de tres años, cuando la sanción impuesta sea la de privación de libertad de uno a tres años;

d) el de un año, cuando se trate de cualquier otra sanción.

6. No obstante lo dispuesto en el apartado anterior, si después de cumplida la sentencia, el Sancionado observa una conducta ajustada a las normas de la convivencia en sociedad y una actitud ejemplar en el trabajo, el Ministro de Justicia puede, de haberse cumplido los otros requisitos, cancelar los antecedentes penales sin esperar a que transcurra el término correspondiente de la escala anterior.

ARTÍCULO 68.- La cancelación, en todo caso, producirá el efecto de anular los antecedentes penales en el Registro Central de Sancionados y en cualquier otro registro, archivo o expediente cuando dichos antecedentes provienen de las mismas sentencias.

ARTÍCULO 69.- El modo de proceder para la inscripción, la cancelación de oficio o a instancia del interesado, y la expedición de certificaciones de los antecedentes penales, así como la entrega de información y demás cuestiones relacionadas con el Registro Central de Sancionados, se regula por disposiciones especiales dictadas por el Ministro de Justicia.

TÍTULO X. LA DECLARACIÓN Y EJECUCIÓN DE LAS OBLIGACIONES CIVILES PROVENIENTES DEL DELITO

ARTÍCULO 70.1.- El responsable penalmente lo es también civilmente por los daños y perjuicios causados por el delito. El tribunal que conoce del delito declara la responsabilidad civil y su extensión aplicando las normas correspondientes de la legislación civil y, además, ejecuta directamente la obligación de restituir la cosa, el reparar el daño moral y adopta las medidas necesarias para que el inmueble sea desocupado y restituido al organismo que corresponda en los casos previstos en los artículos 231, 232 y 333.

2. En todo caso, si el sancionado se niega a realizar los actos que le conciernen para la ejecución de la reparación del daño moral, el tribunal le impondrá prisión subsidiaria por un término que no puede ser inferior a tres meses ni exceder de seis. En cualquier momento en que el sancionado cumpla su obligación se dejará sin efecto lo que le reste por cumplir de la sanción subsidiaria, archivándose las actuaciones.

3. En el caso previsto en el artículo 306, el tribunal decretará en la sentencia la nulidad del segundo o ulterior matrimonio.

ARTÍCULO 71.1.- La Caja de Resarcimientos es la entidad encargada de hacer efectiva las responsabilidades civiles consistentes en la reparación de los daños materiales y la indemnización de los perjuicios. A estos efectos, exigirá el pago a los obligados y abonará a las personas naturales que resulten víctimas del delito las cantidades que les son debidas.

2. Además de las cantidades satisfechas en concepto de responsabilidad civil, la Caja de Resarcimientos se nutrirá de los ingresos siguientes:

a) los descuentos en las remuneraciones por el trabajo de los reclusos, para abonar las partes no satisfechas por concepto de responsabilidad civil;

b) (Derogado)

c) (Derogado)

ch) las responsabilidades civiles no reclamadas por sus titulares dentro del término legal;

d) los recargos que se impongan en los casos de demora en el pago de la responsabilidad civil;

e) el importe de las fianzas decomisadas en los procesos judiciales;

f) los descuentos a beneficiarios;

g) cualquier otro ingreso que determine la ley.

3. El que, habiendo sido declarado en la sentencia responsable civil por un delito, no abone la responsabilidad a que esté obligado, se le embargará el sueldo, salario o cualquier otro ingreso económico, en la cuantía que disponga la ley. El embargo se llevará a efecto mediante oficio que librará la Caja de Resarcimientos al respectivo centro de trabajo u oficina encargada del pago, el que quedará obligado, al recibir el citado oficio, a cumplimentarlo, impartiendo las órdenes oportunas a fin de que se descuenten periódica y regularmente las sumas que se indiquen, retenerlas bajo su responsabilidad y remitirlas a la Caja de Resarcimientos, en un término que no debe exceder de cinco días hábiles a partir de la retención. También podrán ser objeto de embargo

toda clase de bienes y derechos del responsable civil, excepto los expresamente excluidos por la legislación procesal civil.

TÍTULO XI. EL ESTADO PELIGROSO Y LAS MEDIDAS DE SEGURIDAD

CAPÍTULO I. EL ESTADO PELIGROSO

ARTÍCULO 72.- Se considera estado peligroso la especial proclividad en que se halla una persona para cometer delitos, demostrada por la conducta que observa en contradicción manifiesta con las normas de la moral socialista.

ARTÍCULO 73.1.- El estado peligroso se aprecia cuando en el sujeto concurre alguno de los índices de peligrosidad siguientes:

a) la embriaguez habitual y la dipsomanía;

b) la narcomanía;

c) la conducta antisocial

2. Se considera en estado peligroso por conducta antisocial al que quebranta habitualmente las reglas de convivencia social mediante actos de violencia, o por otros actos provocadores, viola derechos de los demás o por su comportamiento en general daña las reglas de convivencia o perturba el orden de la comunidad o vive, como un parásito social, del trabajo ajeno o explota o practica vicios socialmente reprobables.

ARTÍCULO 74.- Se considera también estado peligroso el de los enajenados mentales y de las personas de desarrollo mental retardado, si, por esta causa, no poseen la facultad de comprender el alcance de sus acciones ni de controlar sus conductas, siempre que éstas representen una amenaza para la seguridad de las personas o del orden social.

CAPÍTULO II. LA ADVERTENCIA OFICIAL

ARTÍCULO 75.1.- El que, sin estar comprendido en alguno de los estados peligrosos a que se refiere el artículo 73, por sus vínculos o relaciones con personas potencialmente peligrosas para la sociedad, las demás personas y el orden social, económico y político del Estado socialista, pueda resultar proclive al delito, será objeto de advertencia por la autoridad policiaca competente, en prevención de que incurra en actividades socialmente peligrosas o delictivas.

2. La advertencia se realizará, en todo caso, mediante acta en la que se hará constar expresamente las causas que la determinan y lo que al respecto exprese la persona advertida, firmándose por ésta y por el actuante.

CAPÍTULO III. LAS MEDIDAS DE SEGURIDAD

SECCIÓN PRIMERA. DISPOSICIONES GENERALES

ARTÍCULO 76.1.- Las medidas de seguridad pueden decretarse para prevenir la comisión de delitos o con motivo de la comisión de éstos. En el primer caso se denominan medidas de seguridad predelictivas; y en el segundo, medidas de seguridad postdelictivas.

2. Las medidas de seguridad se aplican cuando en el sujeto concurre alguno de los índices de peligrosidad señalados en los artículos 73 y 74.

ARTÍCULO 77.1.- Las medidas de seguridad postdelictivas, por regla general, se cumplen después de extinguida la sanción impuesta.

2. Si durante el cumplimiento de una medida de seguridad aplicada a una persona penalmente responsable, a ésta se le impone una sanción de privación de libertad, la ejecución de la medida de seguridad se suspenderá, tomando de nuevo su curso una vez cumplida la sanción.

3. Si, en el caso a que se refiere el apartado anterior, el sancionado es liberado condicionalmente, la medida de seguridad se considerará extinguida al término del período de prueba siempre que la libertad condicional no haya sido revocada.

SECCIÓN SEGUNDA. LAS MEDIDAS DE SEGURIDAD PREDELICTIVAS

ARTÍCULO 78.- Al declarado en estado peligroso en el correspondiente proceso, se le puede imponer la medida de seguridad predelictiva más adecuada entre las siguientes:

a) terapéuticas;

b) reeducativas;

c) de vigilancia por los órganos de la Policía Nacional Revolucionaria.

ARTÍCULO 79.1.- Las medidas terapéuticas son:

a) internamiento en establecimiento asistencial, siquiátrico o de desintoxicación;

b) asignación a centro de enseñanza especializada, con o sin internamiento;

c) tratamiento médico externo.

2. Las medidas terapéuticas se aplican a los enajenados mentales y a los sujetos de mentalidad retardada en estado peligroso, a los dipsómanos y a los narcómanos.

3. La ejecución de estas medidas se extiende hasta que desaparezca en el sujeto el estado peligroso.

ARTÍCULO 80.1.- Las medidas reeducativas son:

a) internamiento en un establecimiento especializado de trabajo o de estudio;

b) entrega a un colectivo de trabajo, para el control y la orientación de la conducta del sujeto en estado peligroso.

2. Las medidas reeducativas se aplican a los individuos antisociales.

3. El término de estas medidas es de un año como mínimo y de cuatro como máximo.

ARTÍCULO 81.1.- La vigilancia por los órganos de la Policía Nacional Revolucionaria consiste en la orientación y el control de la conducta del sujeto en estado peligroso por funcionarios de dichos órganos.

2. Esta medida es aplicable a los dipsómanos, a los narcómanos y a los individuos antisociales.

3. El término de esta medida es de un año como mínimo y de cuatro años como máximo.

ARTÍCULO 82.- El tribunal puede imponer la medida de seguridad predelictiva de la clase que corresponda de acuerdo con el índice respectivo, y fijará su extensión dentro de los límites señalados en cada caso, optando por las de carácter detentivo o no detentivo, según la gravedad del estado peligroso del sujeto y las posibilidades de su reeducación.

ARTÍCULO 83.- El tribunal, en cualquier momento del curso de la ejecución de la medida de seguridad predelictiva, puede cambiar la clase o la duración de ésta, o suspenderla, a instancia del órgano encargado de su ejecución o de oficio. En este último caso, el tribunal solicitará informe de dicho órgano ejecutor.

ARTÍCULO 84.- El tribunal comunicará a los órganos de prevención de la Policía Nacional Revolucionaria las medidas de seguridad predelictivas acordadas que deben cumplirse en libertad, a los efectos de su ejecución.

SECCIÓN TERCERA. LAS MEDIDAS DE SEGURIDAD POSTDELICTIVAS

ARTÍCULO 85.- Las medidas de seguridad postdelictivas pueden aplicarse:

a) al enajenado mental o al sujeto de desarrollo mental retardado, declarados irresponsables de conformidad con lo dispuesto en el apartado 1 del artículo 20;

b) al que, durante el cumplimiento de una sanción de privación de libertad, haya enfermado de enajenación mental;

c) al dipsómano o narcómano que haya cometido un delito;

ch) al reincidente o multirreincidente que incumpla alguna de las obligaciones que le haya impuesto el tribunal.

ARTÍCULO 86.- Si el hecho de permanecer en libertad el enajenado mental declarado irresponsable de conformidad con lo dispuesto en el apartado 1 del artículo 20, puede significar un peligro para la seguridad de las personas o para el orden social, el tribunal le impone una medida de seguridad consistente en su internamiento en un hospital siquiátrico o en un centro de enseñanza especializada, por el término necesario para que obtenga su curación. En este caso, el hospital o centro especializado lo comunicará al tribunal respectivo.

ARTÍCULO 87.1.- Al que durante el cumplimiento de la sanción de privación de libertad sufra repentinamente de enajenación mental, se le suspenderá la ejecución de dicha sanción, decretándose su internamiento en el hospital psiquiátrico que designe el Tribunal Provincial Popular del territorio donde se encuentre cumpliendo el sancionado.

2. Esta medida dura hasta que el sometido a ella recobre su salud.

ARTÍCULO 88.- Si el delito ha sido cometido por un dipsómano o un narcómano, el tribunal puede ordenar su internamiento en un establecimiento asistencial de desintoxicación antes de la ejecución de la sanción.

ARTÍCULO 89.- Al reincidente o multirreincidente que no cumpla alguna de las obligaciones que le haya impuesto el tribunal, después de la extinción de la sanción de conformidad con lo dispuesto en el artículo 55, o que haya obstaculizado su cumplimiento, el tribunal puede imponerle una medida de seguridad consistente en su internamiento en un centro para su readaptación por término que no se fija anticipadamente, pero que no puede exceder de cinco años.

ARTÍCULO 90.- El tribunal que haya pronunciado la sentencia, también puede:

a) decretar una nueva medida de seguridad no impuesta en ella, si lo exige la conducta posterior del sancionado;

b) dejar sin efecto una medida de seguridad impuesta si ha desaparecido el estado peligroso

que la motivó o sustituirla por otro más adecuada;

c) dictar una nueva medida de seguridad mientras se cumple la que haya dictado en sustitución de ésta, o sin revocarla, si el asegurado presenta nuevos o diversos síntomas de peligrosidad.

LIBRO II. PARTE ESPECIAL DELITOS

TÍTULO I. DELITOS CONTRA LA SEGURIDAD DEL ESTADO

CAPÍTULO I. DELITOS CONTRA LA SEGURIDAD EXTERIOR DEL ESTADO

SECCIÓN PRIMERA. ACTOS CONTRA LA INDEPENDENCIA O LA INTEGRIDAD TERRITORIAL DEL ESTADO

ARTÍCULO 91.- El que, en interés de un Estado extranjero, ejecute un hecho con el objeto de que sufra detrimento la independencia del Estado cubano o la integridad de su territorio, incurre en sanción de privación de libertad de diez a veinte años o muerte.

SECCIÓN SEGUNDA. PROMOCIÓN DE ACCIÓN ARMADA CONTRA CUBA

ARTÍCULO 92.- El que ejecute un hecho dirigido a promover la guerra o cualquier acto de agresión armada contra el Estado cubano, incurre en sanción de privación de libertad de diez a veinte años o muerte.

SECCIÓN TERCERA. SERVICIO ARMADO CONTRA EL ESTADO

ARTÍCULO 93.1.- El cubano que tome las armas contra la Patria, bajo las banderas enemigas, incurre en sanción de privación de libertad de diez a veinte años o muerte.

2. En igual sanción incurre el extranjero residente en Cuba que tome las armas contra el Estado cubano, bajo las banderas enemigas.

SECCIÓN CUARTA. AYUDA AL ENEMIGO

ARTÍCULO 94.1.- Incurre en sanción de privación de libertad de diez a veinte años o muerte el que:

a) facilite al enemigo la entrada en el territorio nacional, o la toma o destrucción de instalaciones de defensa, posiciones, armamentos y demás medios de guerra y de defensa, o buque o aeronave del Estado cubano;

b) suministre al enemigo caudales, armas, municiones, embarcaciones, aeronaves, efectos, provisiones u otros medios idóneos o eficaces para hostilizar al Estado cubano;

c) suministre al enemigo planos, croquis, vistas o informes de campamentos, zonas, instalaciones o unidades militares, obras o medios de defensa o cualquier otro documento o noticia que conduzca eficazmente al fin de hostilizar al Estado cubano o de favorecer el progreso de las armas enemigas;

ch) impida que las tropas nacionales, en situación de guerra, reciban los medios expresados en el inciso b), o la información con respecto al enemigo a que se refiere el inciso c);

d) realice cualquier actividad encaminada a seducir tropa nacional o que se halle al servicio del Estado cubano, para que se pase a las filas enemigas o deserte de sus banderas;

e) reclute gente en el territorio nacional o fuera de él, para el servicio armado del enemigo;

f) favorezca el progreso de las armas enemigas de cualquier otro modo no especificado en los incisos anteriores.

2. En igual sanción incurre el que cometa cualquiera de los hechos previstos en el apartado anterior, contra un Estado extranjero aliado del Estado cubano, en el caso de hallarse realizando acciones militares contra un enemigo común.

SECCIÓN QUINTA. REVELACIÓN DE SECRETOS CONCERNIENTES A LA SEGURIDAD DEL ESTADO

ARTÍCULO 95.1.- El que, fuera de lo previsto en el artículo 97, revele secretos políticos, militares, económicos, científicos, técnicos o de cualquier naturaleza, concernientes a la seguridad del Estado, incurre en sanción de privación de libertad de cuatro a diez años.

2. La sanción es de privación de libertad de ocho a quince años:

a) si el secreto revelado lo poseía el culpable por razón de su cargo o le había sido confiado;

b) si el culpable llegó a conocer el secreto subrepticiamente o por cualquier otro medio ilegítimo;

c) si, a causa del hecho, se producen consecuencias graves.

3. Las SANCIÓNes establecidas en los apartados anteriores se imponen también, en los casos respectivos, al que procure y obtenga la revelación del secreto.

ARTÍCULO 96.- El que, por imprudencia, dé lugar a que alguno de los secretos a que se refiere el artículo anterior sea conocido, incurre en sanción de privación de libertad de uno a cuatro años.

SECCIÓN SEXTA. ESPIONAJE

ARTÍCULO 97.1.- El que, en detrimento de la seguridad del Estado, participe, colabore o mantenga relaciones con los servicios de información de un Estado extranjero, o les proporcione informes, o los obtenga o los procure con el fin de comunicárselos, incurre en sanción de privación de libertad de diez a veinte años o muerte.

2. En igual sanción incurre el que proporcione a un Estado extranjero datos de carácter secreto cuya utilización pueda redundar en perjuicio de la República, o los obtenga, reúna o guarde con el mismo fin.

3. El que, sin la debida autorización, practique reconocimientos, tome fotografías, procure u obtenga informes o levante, confeccione o tenga en su poder planos, croquis o vistas de campamentos, emplazamientos, zonas o unidades militares, obras o medios de defensa, ferrocarriles, barcos o aeronaves de guerra, establecimientos marítimos o militares, caminos u otras instalaciones militares o cualquier otro documento o información concernientes a la seguridad del Estado, incurre en sanción de privación de libertad de cinco a veinte años.

4. La sanción es de privación de libertad de diez a veinte años si, para ejecutar su propósito, el culpable penetra clandestinamente o mediante violencia, soborno o engaño cuando esté prohibida o limitada la entrada en los lugares mencionados en el apartado anterior o en otros de su mismo carácter.

5. El simple hecho de penetrar clandestinamente, con engaño, violencia o mediante soborno, en alguno de los lugares o zonas indicados en los apartados anteriores, se sanciona con privación de libertad de dos a cinco años.

6. Los delitos previstos en los apartados 4 y 5 se sancionan con independencia de los que se cometan para su ejecución o en ocasión de ella.

CAPÍTULO II. DELITOS CONTRA LA SEGURIDAD INTERIOR DEL ESTADO

SECCIÓN PRIMERA. REBELIÓN

ARTÍCULO 98.1.- Incurre en sanción de privación de libertad de diez a veinte años o muerte el que se alce en armas para conseguir por la fuerza alguno de los fines siguientes:

a) impedir en todo o en parte, aunque sea temporalmente, a los órganos superiores del Estado y del Gobierno, el ejercicio de sus funciones;

b) cambiar el régimen económico, político y social del Estado socialista;

c) cambiar, total o parcialmente, la Constitución o la forma de Gobierno por ella establecida.

2. En igual sanción incurre el que realice cualquier hecho dirigido a promover el alzamiento armado, de producirse éste; caso contrario, la sanción es de privación de libertad de cuatro a diez años.

ARTÍCULO 99.- El que ejecute cualquier otro hecho encaminado, directa o indirectamente, a lograr por medio de la violencia u otro medio ilícito, alguno de los fines señalados en el artículo anterior, incurre en sanción de privación de libertad de siete a quince años, siempre que el hecho no constituya un delito de mayor entidad.

SECCIÓN SEGUNDA. SEDICIÓN

ARTÍCULO 100.- Los que, tumultuariamente y mediante concierto expreso o tácito, empleando violencia, perturben el orden socialista o la celebración de elecciones o referendos, o impidan el cumplimiento de alguna sentencia, disposición legal o medida dictada por el Gobierno, o por una autoridad civil o militar en el ejercicio de sus respectivas funciones, o rehúsen obedecerlas, o realicen exigencias, o se resistan a cumplir sus deberes, son sancionados:

a) con privación de libertad de diez a veinte años o muerte, si el delito se comete en situación de guerra o que afecte la seguridad del Estado, o durante grave alteración del orden público, o en zona militar, recurriendo a las armas o ejerciendo violencia;

b) con privación de libertad de diez a veinte años, si el delito se comete sin recurrir a las armas ni ejercer violencia y concurre alguna de las demás circunstancias expresadas en el inciso anterior; o si se ha recurrido a las armas o ejercido violencia y el delito se comete fuera de zona militar en tiempo de paz;

c) con privación de libertad de uno a ocho años, en los demás casos.

SECCIÓN TERCERA. INFRACCIÓN DE LOS DEBERES DE RESISTENCIA

ARTÍCULO 101.1.- El funcionario del Estado o del Gobierno que no resista por todos los medios a su alcance una rebelión, sedición, insurrección o invasión, incurre en sanción de privación de libertad de tres a ocho años.

2. El que, sin órdenes de evacuación o movilización, abandone sus labores cuando haya peligro de invasión, insurrección, sedición o rebelión o cuando éstas hubieren ocurrido, incurre en sanción de privación de libertad de dos a cinco años.

SECCIÓN CUARTA. USURPACIÓN DEL MANDO POLÍTICO O MILITAR

ARTÍCULO 102.- Incurre en sanción de privación de libertad de diez a veinte años o muerte el que:

a) tome el mando de tropas, unidades o puestos militares, poblaciones, o barcos o aeronaves de guerra, sin facultad legal para ello ni orden del Gobierno;

b) usurpe, a sabiendas, el ejercicio de una función propia de cualquiera de los órganos constitucionales del poder estatal.

SECCIÓN QUINTA. PROPAGANDA ENEMIGA

ARTÍCULO 103.1. - Incurre en sanción de privación de libertad de uno a ocho años el que:

a) incite contra el orden social, la solidaridad internacional o el Estado socialista, mediante la propaganda oral o escrita o en cualquier otra forma;

b) confeccione, distribuya o posea propaganda del carácter mencionado en el inciso anterior.

2. El que difunda noticias falsas o predicciones maliciosas tendentes a causar alarma o descontento en la población, o desorden público, incurre en sanción de privación de libertad de uno a cuatro años.

3. Si, para la ejecución de los hechos previstos en los apartados anteriores, se utilizan medios de difusión masiva, la sanción es de privación de libertad de siete a quince años.

4. El que permita la utilización de los medios de difusión masiva a que se refiere el apartado anterior, incurre en sanción de privación de libertad de uno a cuatro años.

SECCIÓN SEXTA. SABOTAJE

ARTÍCULO 104.1.- Incurre en sanción de privación de libertad de dos a diez años el que, con el propósito de impedir u obstaculizar su normal uso o funcionamiento, o a sabiendas de que puede producirse este resultado, destruya, altere, dañe o perjudique en cualquier forma los medios, recursos, edificaciones, instalaciones o unidades socioeconómicas o militares siguientes:

a) fuentes energéticas, obras hidráulicas, servicios de transporte terrestre, de comunicaciones y de difusión;

b) talleres, frigoríficos, depósitos, almacenes u otras instalaciones destinadas a guardar bienes de uso o consumo;

c) centros de enseñanza, edificaciones públicas, comercios, albergues o locales de organizaciones administrativas, políticas, de masas, sociales o recreativas;

ch) centros industriales o agropecuarios, cosechas, bosques, pastos o ganado;

d) instalaciones portuarias o de aeronavegación, naves o aeronaves;

e) centros de investigación, cría o desarrollo de especies animales;

f) campamentos, depósitos, armamentos, construcciones o dependencias militares en general.

2. En igual sanción incurre el que, con el propósito de afectar la economía nacional, dañe o destruya bienes de uso o consumo depositados en almacenes o en otras instalaciones o a la intemperie.

ARTÍCULO 105.- La sanción es de privación de libertad de diez a veinte años o muerte, si en la realización de los hechos descritos en el artículo anterior:

a) se ocasionan lesiones graves o la muerte de alguna persona;

b) se utiliza el fuego, sustancias, materias o instrumentos inflamables, explosivos, agentes químicos o biológicos u otros medios capaces de producir graves daños o perjuicios;

c) se producen graves daños o perjuicios, cualquiera que sea el medio utilizado;

ch) se pone en peligro la seguridad colectiva.

SECCIÓN SEPTIMA. TERRORISMO

ARTÍCULO 106. (Derogado).

ARTÍCULO 107. (Derogado).

ARTÍCULO 108. (Derogado).

ARTÍCULO 109. (Derogado).

CAPÍTULO III. DELITOS CONTRA LA PAZ Y EL DERECHO INTERNACIONAL

SECCIÓN PRIMERA. ACTOS HOSTILES CONTRA UN ESTADO EXTRANJERO

ARTÍCULO 110.1.- El que, sin autorización del Gobierno, efectúe alistamientos u otros actos hostiles a un Estado extranjero, que den motivo al peligro de una guerra o a medidas de represalias contra Cuba, o expongan a los cubanos a vejaciones o represalias en sus personas o bienes o a la alteración de las relaciones amistosas de Cuba con otro Estado, incurre en sanción de privación de libertad de cuatro a diez años.

2. Si, como consecuencia de los hechos previstos en el apartado anterior, resultan las medidas de represalias contra Cuba, o las vejaciones o represalias contra sus ciudadanos, o la alteración de las relaciones diplomáticas, o la guerra, la sanción es de privación de libertad de diez a veinte años o muerte.

ARTÍCULO 111.- El que, sin autorización del Gobierno, recluta gente en el territorio nacional para el servicio militar de un Estado extranjero, incurre en sanción de privación de libertad de cuatro a diez años.

SECCIÓN SEGUNDA. VIOLACIÓN DE LA SOBERANÍA DE UN ESTADO EXTRANJERO

ARTÍCULO 112.- El que, en el territorio cubano, ejecute un hecho encaminado a menoscabar la independencia de un Estado extranjero, la integridad de su territorio o la estabilidad o prestigio de su Gobierno, incurre en sanción de privación de libertad de tres a ocho años.

SECCIÓN TERCERA. ACTOS CONTRA LOS JEFES Y REPRESENTANTES DIPLOMÁTICOS DE ESTADOS EXTRANJEROS

ARTÍCULO 113.1.- El que, en el territorio cubano, cometa un acto de agresión o que atente contra el honor o la dignidad del Jefe de un Estado extranjero, incurre en sanción de privación de libertad de tres a ocho años, siempre que el hecho no constituya un delito de mayor entidad.

2. Igual sanción se aplica si el hecho se comete contra los representantes diplomáticos de los Estados extranjeros con ocasión del ejercicio de sus funciones, o contra sus familiares con el fin de afectar estas funciones.

3. El que viole la inmunidad personal o el lugar de residencia del Jefe de otro Estado recibido en el Estado cubano con carácter oficial, o la inmunidad personal del representante diplomático de otro Estado, acreditado ante el Gobierno cubano, o la de los miembros de las misiones especiales, de las consulares o de los organismos internacionales acreditados en la República, incurre en sanción

de privación de libertad de uno a ocho años.

4. Los hechos previstos en el apartado anterior se sancionan con independencia de los

que se cometan para su ejecución o en ocasión de ella.

SECCIÓN CUARTA. INCITACIÓN A LA GUERRA

ARTÍCULO 114.- Incurre en sanción de privación de libertad de uno a cuatro años el que:

a) incite a una guerra de agresión;

b) fomente, durante el curso de las negociaciones diplomáticas para la solución pacífica de un conflicto internacional, la agitación popular con el propósito de ejercer presión sobre el Gobierno en favor de la guerra.

SECCIÓN QUINTA. DIFUSIÓN DE NOTICIAS FALSAS CONTRA LA PAZ INTERNACIONAL

ARTÍCULO 115.- El que difunda noticias falsas, con el propósito de perturbar la paz internacional, o de poner en peligro el prestigio o el crédito del Estado cubano o sus buenas relaciones con otro Estado, incurre en sanción de privación de libertad de uno a cuatro años.

SECCIÓN SEXTA. GENOCIDIO

ARTÍCULO 116.1.- Incurre en sanción de privación de libertad de diez a veinte años o muerte el que, con la intención de destruir, total o parcialmente a un grupo nacional, étnico, racial o religioso como tal:

a) someta a este grupo a condiciones de existencia que constituyan una amenaza de exterminio del grupo o de algunos de sus miembros;

b) tome medidas para impedir u obstaculizar los nacimientos en el seno del grupo;

c) ejecute el traslado forzoso de los niños de ese grupo a otro;

ch) produzca la matanza o lesione gravemente la integridad física o mental de miembros del grupo.

2. En igual sanción incurre el que, violando las normas del Derecho Internacional, bombardee, ametralle o ejerza sevicia sobre la población civil indefensa.

SECCIÓN SÉPTIMA. PIRATERÍA

ARTÍCULO 117.- (Derogado).

ARTÍCULO 118.- (Derogado).

SECCIÓN OCTAVA. MERCENARISMO

ARTÍCULO 119.1.- El que, con el fin de obtener el pago de un sueldo u otro tipo de retribución material, se incorpore a formaciones militares integradas total o parcialmente por individuos que no son ciudadanos del Estado en cuyo territorio se proponen actuar, incurre en sanción de privación de libertad de diez a veinte años o muerte.

2. En igual sanción incurre el que colabore o ejecute cualquier otro hecho encaminado directa o indirectamente a lograr el objetivo señalado en el apartado anterior.

SECCIÓN NOVENA. CRIMEN DEL APARTHEID

ARTÍCULO 120.1.- Incurre en sanción de privación de libertad de diez a veinte años o muerte, los que, con el fin de instituir y mantener la dominación de un grupo racial sobre otro, y de acuerdo con políticas de exterminio, segregación y discriminación racial:

a) denieguen a los miembros de este grupo el derecho a la vida y la libertad mediante el asesinato; los atentados graves contra la integridad física o síquica, la libertad o la dignidad; las torturas o penas o tratos crueles, inhumanos o denigrantes; la detención arbitraria y la prisión ilegal;

b) impongan al grupo medidas legislativas o de otro orden destinadas a impedir su participación en la vida política, social, económica y cultural del país y a crear deliberadamente condiciones que obstaculicen su pleno desarrollo, rehusándoles a sus miembros los derechos y libertades fundamentales;

c) dividan a la población según criterios raciales, creando reservas y ghettos, prohibiendo los matrimonios entre miembros de distintos grupos raciales y expropiándoles sus bienes;

ch) exploten el trabajo de los miembros del grupo, en especial sometiéndolos al trabajo forzado.

2. Si el hecho consiste en perseguir u hostilizar en cualquier forma a las organizaciones y personas que se opongan al apartheid, o lo combatan, la sanción es de privación de libertad de diez a veinte años.

3. La responsabilidad por los actos previstos en los apartados anteriores es exigible con independencia del país en que los culpables actúen o residan y se extiende, cualquiera que sea el móvil, a los particulares, los miembros de las organizaciones e instituciones y los representantes del Estado.

SECCIÓN DÉCIMA. DISPOSICIONES COMPLEMENTARIAS DE ESTE CAPÍTULO

ARTÍCULO 121.- Los delitos previstos en este Capítulo, excepto los correspondientes a los artículos 117 y 118 sólo son perseguibles previa instancia del Ministro de Justicia.

ARTÍCULO 122. (Derogado).

ARTÍCULO 123. (Derogado).

CAPÍTULO IV. OTROS ACTOS CONTRA LA SEGURIDAD DEL ESTADO

ARTÍCULO 124.1.- Incurre en sanción de privación de libertad de diez a veinte años o muerte el que:

a) viole el espacio territorial tripulando o viajando a bordo de nave o aeronave, para cometer cualquiera de los delitos previstos en este Título;

b) penetre clandestinamente en el territorio nacional para cometer cualquiera de los delitos previstos en las Secciones Primera, Segunda, Tercera, Cuarta y Sexta del Capítulo I, o en las Secciones Primera, Segunda, Cuarta, Quinta, Sexta y Séptima del Capítulo II, o en las Secciones

Primera, Segunda, Tercera y Quinta del Capítulo III;

c) organice o forme parte de grupos armados para cometer cualquiera de los delitos previstos en este Título.

2. El que dé abrigo, preste ayuda o suministre provisiones a los grupos o elementos descritos en el apartado anterior, o favorezca de cualquier otro modo sus operaciones, incurre en sanción de privación de libertad de diez a veinte años.

ARTÍCULO 125.- Se sanciona conforme a las reglas que respecto a los actos preparatorios se establecen en los artículos 12 y 49 al que:

a) habiendo resuelto cometer alguno de los delitos previstos en este Título, proponga a otra u otras personas su participación en la ejecución del mismo;

b) se concierte con una o más personas para la ejecución de alguno de los delitos previstos en este Título, y resuelvan cometerlo;

c) incite a otro u otros, de palabra o por escrito, pública o privadamente, a ejecutar alguno de los delitos previstos en este Título. Si a la incitación ha seguido la comisión del delito, el provocador será sancionado como autor del delito cometido.

ARTÍCULO 126.- En los casos de delitos contra la seguridad del Estado, la sanción aplicable al delito de encubrimiento previsto en el artículo 160 es la correspondiente al delito encubierto rebajados en un tercio sus límites mínimo y máximo.

ARTÍCULO 127.- Está exento de responsabilidad penal el que, habiendo intervenido en la preparación o en la realización de un delito contra la seguridad del Estado, lo denuncie antes de comenzar a ejecutarse o a tiempo de poder evitarse sus consecuencias.

ARTÍCULO 128.- El que, al tener conocimiento de la preparación o ejecución de cualquier delito contra la seguridad del Estado no lo denuncie, sin perjuicio de tratar de impedirlo por todos los medios a su alcance, incurre en sanción de privación de libertad de seis meses a tres años.

TÍTULO II. DELITOS CONTRA LA ADMINISTRACION Y LA JURISDICCION

CAPÍTULO I. VIOLACION DE LOS DEBERES INHERENTES A UNA FUNCION PÚBLICA

SECCIÓN PRIMERA. REVELACIÓN DE SECRETO ADMINISTRATIVO, DE LA PRODUCCIÓN O DE LOS SERVICIOS

ARTÍCULO 129.1.- El funcionario o empleado que por revelar una información que constituya secreto administrativo, de la producción o de los servicios, que posea o conozca por razón de su cargo, afecte intereses importantes de la entidad de que se trate, incurre en sanción de privación de libertad de uno a tres años o multa de trescientas a mil cuotas.

2. Si, a causa del hecho se producen consecuencias graves, la sanción es de privación de libertad de tres a ocho años.

3. Las sanciones establecidas en los apartados anteriores se imponen también, en los casos respectivos, a quienes obtengan la revelación del secreto, mediante inducción o a través de cualesquiera otros actos encaminados a lograr la entrega.

ARTÍCULO 130.- El particular que conozca un secreto administrativo, de la producción o los servicios, por haber indagado, o por haberlo obtenido subrepticiamente o por otros medios ilegítimos y lo revele o lo utilice en su propio beneficio, incurre en sanción de privación de libertad de uno a tres años o multa de trescientas a mil cuotas o ambas.

ARTÍCULO 131.- Se considera secreto administrativo, de la producción o de los servicios, a los efectos de lo dispuesto en esta Sección, todo dato o información concerniente a la seguridad administrativa, de la producción o de los servicios cuya divulgación no autorizada esté prohibida con arreglo a las disposiciones establecidas en la Ley del Secreto Estatal y su Reglamento.

SECCIÓN SEGUNDA. REVELACIÓN DE PRUEBAS PARA LA EVALUACIÓN DOCENTE

ARTÍCULO 132.1.- El funcionario o empleado que intencionalmente revele el contenido de prueba, examen u otro material o información preparado por los órganos competentes del Estado para la evaluación de los alumnos de centros docentes oficiales, antes de que aquellos deban ser conocidos, incurre en sanción de privación de libertad de tres meses a un año o multa de cien a trescientas cuotas.

2. Si el hecho previsto en el apartado anterior se realiza con ánimo de lucro o provecho o mediante dádiva o recompensa de algún tipo, la sanción es de privación de libertad de seis meses a dos años o multa de doscientas a quinientas cuotas o ambas.

SECCIÓN TERCERA. ABUSO DE AUTORIDAD

ARTÍCULO 133.- El funcionario público que, con el propósito de perjudicar a una persona o de obtener un beneficio ilícito, ejerza las funciones inherentes a su cargo de modo manifiestamente contrario a las leyes, o se exceda arbitrariamente de los límites legales de su competencia, incurre en sanción de privación de libertad de uno a tres años o multa de trescientas a mil cuotas, siempre que el hecho no constituya un delito de mayor entidad.

SECCIÓN CUARTA. DESOBEDIENCIA

ARTÍCULO 134.- El funcionario judicial o administrativo que no dé cumplimiento a resolución firme u orden dictada por tribunal o autoridad competente y revestida de las formalidades legales, incurre en sanción de privación de libertad de tres meses a un año o multa de cien a trescientas cuotas.

SECCIÓN QUINTA. ABANDONO DE FUNCIONES

RTÍCULO 135.1.- El funcionario o empleado encargado de cumplir alguna misión en un país extranjero que la abandone, o, cumplida ésta, o requerido en cualquier momento para que regrese, se niegue, expresa o tácitamente, a hacerlo, incurre en sanción de privación de libertad de tres a ocho años.

2. En igual sanción incurre el funcionario o empleado que, en ocasión del cumplimiento de una misión en el extranjero y contra la orden expresa del Gobierno, se traslade a otro país.

SECCIÓN SEXTA. PREVARICACIÓN

ARTÍCULO 136.- El funcionario público que intencionalmente dicte resolución contraria a la ley en asunto de que conozca por razón de su cargo, incurre en sanción de privación de libertad de uno a tres años o multa de trescientas a mil cuotas.

ARTICULO 137.- El funcionario público que retarde maliciosamente la tramitación o resolución de un asunto de que conozca o deba conocer u omita injustificadamente el cumplimiento de un deber o de un acto que le venga impuesto por razón de su cargo o rehúse hacerlo, incurre en sanción de privación de libertad de tres meses a un año o multa de cien a trescientas cuotas.

ARTÍCULO 138.1.- El juez que intencionalmente contribuya con su voto a que se dicte, en proceso penal, sentencia contraria a la ley, incurre en sanción de privación de libertad de uno a tres años o multa de trescientas a mil cuotas.

2. Si intencionalmente contribuye con su voto a que se dicte sentencia contraria a la ley en asunto no penal sometido a su jurisdicción, la sanción es de privación de libertad de seis meses a dos años o multa de doscientas a quinientas cuotas.

3. Si en vez de sentencia se trata de otra resolución, las sanciones previstas en los dos apartados anteriores se reducen a la mitad.

ARTÍCULO 139.- El que, faltando a los deberes de su cargo, deje maliciosamente de promover la persecución o sanción de un delincuente, o promueva la de una persona cuya inocencia le es conocida, incurre en sanción de privación de libertad de uno a tres años o multa de trescientas a mil cuotas.

SECCIÓN SEPTIMA. ACTOS EN PERJUICIO DE LA ACTIVIDAD ECONÓMICA O DE LA CONTRATACIÓN

ARTÍCULO 140.1.- Incurre en sanción de privación de libertad de tres a ocho años el que, con el propósito de afectar la economía o el crédito del Estado cubano, o a sabiendas de que puede producirse ese resultado:

a) altere informes o presente o utilice en cualquier forma, datos falsos sobre planes económicos;

b) incumpla las regulaciones establecidas para la gestión económica o para la ejecución, control o liquidación del presupuesto del Estado, o las relativas a la contratación, el libramiento o la utilización de documentos crediticios.

2. Si, como consecuencia de los hechos previstos en el apartado anterior, se causa un daño o perjuicio considerable, la sanción es de privación de libertad de ocho a veinte años.

SECCIÓN OCTAVA. EJECUCIÓN INDEBIDA DE SANCIONES O MEDIDAS DE SEGURIDAD

ARTICULO 141.1. El funcionario público que aplique o disponga la aplicación de una medida de seguridad sin orden del tribunal competente, incurre en sanción de privación de libertad de seis meses a dos años, siempre que el hecho no constituya un delito de mayor entidad.

2. En igual sanción incurre el funcionario público que, debiendo intervenir por razón de su cargo en la ejecución de las sanciones o medidas de seguridad, las modifique o las haga cumplir en cualquier forma ilegal, siempre que el hecho no constituya un delito de mayor entidad.

CAPÍTULO II. VIOLENCIA, OFENSA Y DESOBEDIENCIA CONTRA LA AUTORIDAD, LOS FUNCIONARIOS PUBLICOS Y SUS AGENTES

SECCIÓN PRIMERA. ATENTADO

ARTÍCULO 142.1.- El que emplee violencia o intimidación contra una autoridad, un funcionario público, o sus agentes o auxiliares, para impedirles realizar un acto propio de sus funciones, o para exigirles que lo ejecuten, o por venganza o represalia por el ejercicio de éstas, incurre en sanción de privación de libertad de uno a tres años.

2. La misma sanción se impone, si la violencia o intimidación se ejerce con iguales propósitos, contra la persona que como testigo, o de cualquier otra manera hubiera contribuido a la ejecución o aplicación de las leyes o disposiciones generales.

3. En igual sanción se incurre cuando la violencia o intimidación se ejerce en venganza o represalia contra los familiares de los sujetos mencionados en los Apartados 1 y 2, y en virtud de las circunstancias descritas en los mismos.

SECCIÓN SEGUNDA. RESISTENCIA

ARTÍCULO 143.1.- El que oponga resistencia a una autoridad, funcionario público o sus agentes o auxiliares en el ejercicio de sus funciones, incurre en sanción de privación de libertad de tres meses a un año o multa de cien a trescientas cuotas.

2. Si el hecho previsto en el apartado anterior se comete respecto a un funcionario público o sus agentes o auxiliares, o a un militar, en la oportunidad de cumplir éstos sus deberes de capturar a los delincuentes o custodiar a individuos privados de libertad, la sanción es de privación de libertad de dos a cinco años.

SECCIÓN TERCERA. DESACATO

ARTÍCULO 144.1.- El que amenace, calumnie, difame, insulte, injurie o de cualquier modo ultraje u ofenda, de palabra o por escrito, en su dignidad o decoro a una autoridad, funcionario público, o a sus agentes o auxiliares, en ejercicio de sus funciones o en ocasión o con motivo de ellas, incurre en sanción de privación de libertad de tres meses a un año o multa de cien a trescientas cuotas o ambas.

2. Si el hecho previsto en el apartado anterior se realiza respecto al Presidente del Consejo de Estado, al Presidente de la Asamblea Nacional del Poder Popular, a los miembros del Consejo de Estado o del Consejo de Ministros o a los Diputados a la Asamblea Nacional del Poder Popular, la sanción es de privación de libertad de uno a tres años.

NOTA. Los cargos correspondientes a la estructura y órganos superiores del Estado Cubano que dispone el Título VI, de la Constitución de la República proclamada el 10 de abril de 2019 (G. O. Extraordinaria No. 5 de 10 de abril de 2019, pág. 69 y siguientes) son actualmente diferentes a los relacionados en el numeral 2 de este artículo.

SECCIÓN CUARTA. DENEGACIÓN DE AUXILIO Y DESOBEDIENCIA

ARTÍCULO 145.- El funcionario público que no preste la debida cooperación a la administración de justicia o a la prestación de un servicio público cuando sea requerido por autoridad competente, o se abstenga, sin causa justificada, a prestar algún auxilio a que esté obligado por razón de su cargo, cuando sea requerido por un particular, si como consecuencia de su omisión resulta grave perjuicio para el interés nacional o daño grave para una persona, incurre en sanción de privación de libertad de tres meses a un año o multa de cien a trescientas cuotas o ambas.

ARTÍCULO 146.- El médico que, requerido para prestar algún auxilio relacionado con su profesión, en caso urgente y de grave peligro para la salud o la vida de una persona, se abstenga de prestarlo sin causa justificada, incurre en sanción de privación de libertad de tres meses a un año o multa de cien a trescientas cuotas o ambas.

ARTÍCULO 147.1.- El particular que desobedezca las decisiones de las autoridades o los funcionarios públicos, o las órdenes de los agentes o auxiliares de aquéllos dictadas en el ejercicio de sus funciones, incurre en sanción de privación de libertad de tres meses a un año o multa de cien a trescientas cuotas o ambas.

2. Si la desobediencia consiste en negarse a dar su identidad u ocultar la verdadera, la sanción es de privación de libertad de seis meses a dos años o multa de doscientas a quinientas cuotas, o ambas.

CAPÍTULO III. EJERCICIO FRAUDULENTO DE FUNCIONES PÚBLICAS

SECCIÓN PRIMERA. USURPACIÓN DE FUNCIONES PÚBLICAS

ARTÍCULO 148.1.- Incurre en sanción de privación de libertad de uno a tres años o multa de trescientas a mil cuotas el que:

a) realice, sin título legítimo, actos propios de una autoridad o de un funcionario público, atribuyéndose carácter oficial;

b) realice, indebidamente, actos propios de los miembros de las Fuerzas Armadas Revolucionarias, del Ministerio del Interior o de cualquier otro cuerpo armado de la República.

2. Si el hecho consiste sólo en atribuirse la condición de miembro de las Fuerzas Armadas Revolucionarias, del Ministerio del Interior o de cualquier otro cuerpo armado de la República, la sanción es de privación de libertad de seis meses a dos años o multa de doscientas a quinientas cuotas.

3. Los delitos previstos en los apartados anteriores se sancionan con independencia de los que se cometan para su ejecución o en ocasión de ella.

SECCIÓN SEGUNDA. USURPACIÓN DE CAPACIDAD LEGAL

ARTÍCULO 149.- El que, con ánimo de lucro u otro fin malicioso, o causando daño o perjuicio a otro, realice actos propios de una profesión para cuyo ejercicio no está debidamente habilitado, incurre en sanción de privación de libertad de tres meses a un año o multa de cien a trescientas cuotas o ambas.

SECCIÓN TERCERA. ENRIQUECIMIENTO ILÍCITO

ARTÍCULO 150.1.- La autoridad o funcionario que, directamente o por persona intermedia, realiza gastos o aumenta su patrimonio o el de un tercero en cuantía no proporcional a sus ingresos legales, sin justificar la licitud de los medios empleados para realizar gastos u obtener tal aumento patrimonial, incurre en sanción de privación de libertad de tres a ocho años.

2. Si el hecho se comete por persona no comprendida en el apartado que antecede, la sanción es de privación de libertad de dos a cinco años o multa de trescientas a mil cuotas o ambas.

3. A los declarados responsables de los delitos previstos en los apartados anteriores se les impone, además, la sanción accesoria de confiscación de bienes.

4. Las sanciones previstas en este artículo se imponen siempre que el hecho no constituya un delito de mayor entidad.

SECCIÓN CUARTA. TRÁFICO DE INFLUENCIAS

ARTÍCULO 151.1.- Incurre en sanción de privación de libertad de tres a ocho años el que, ofreciendo hacer uso de influencias en un funcionario o empleado público, simulándolas o prevaliéndose de cualquier situación derivada de su relación personal u oficial con éstos, por sí o mediante tercero:

a) promueva o gestione la tramitación o resolución ilícita de negocios públicos;

b) solicite o promueva alguna decisión o acto con vistas a obtener para sí o para otro cualquier beneficio ilícito derivado de la gestión;

c) reciba o haga que le prometan, para sí o para otro, cualquier beneficio o ventaja como estímulo o retribución por su mediación o con el pretexto de remunerar favores o decisiones.

2. Si el delito se comete por un funcionario o empleado público, con abuso de sus funciones, la sanción es de privación de libertad de siete a quince años.

3. En el caso de comisión de este delito podrá imponerse además, como sanción accesoria, la de confiscación de bienes.

CAPÍTULO IV. COHECHO, EXACCION ILEGAL Y NEGOCIACIONES ILICITAS

SECCIÓN PRIMERA. COHECHO

ARTÍCULO 152.1.- El funcionario público que reciba, directamente o por persona intermedia, para sí o para otro, dádiva, presente o cualquier otra ventaja o beneficio, con el fin de ejecutar u omitir un acto relativo a sus funciones, incurre en sanción de privación de libertad de cuatro a diez años.

2. Si el hecho consiste en aceptar el ofrecimiento o promesa de dádiva, presente u otra ventaja o beneficio, la sanción es de privación de libertad de dos a cinco años o multa de quinientas a mil cuotas o ambas.

3. Si el funcionario a que se refiere el apartado 1 exige o solicita la dádiva, presente, ventaja o beneficio, la sanción es de privación de libertad de ocho a veinte años.

4. El que dé dádiva o presente, o favorezca con cualquier otra ventaja o beneficio, o le haga ofrecimiento o promesa a un funcionario para que realice, retarde u omita realizar un acto relativo a su cargo, incurre en sanción de privación de libertad de dos a cinco años o multa de quinientas a mil cuotas o ambas.

5. En iguales SANCIÓNes incurre el que, con el carácter de perito o auditor, realice los hechos descritos en los apartados anteriores.

6. Si los hechos descritos en los apartados 1, 2 y 3 se realizan por un empleado público, las SANCIÓNes aplicables son las previstas, respectivamente, en esos apartados, pero el tribunal podrá rebajarlas hasta la mitad de sus límites mínimos si las circunstancias concurrentes en el hecho o en el autor lo justifican.

7. El funcionario o empleado público que, con abuso de su cargo o de las atribuciones o actividades que le hayan sido asignadas o de la encomienda que se le haya confiado, obtenga beneficio o ventaja personal de cualquier clase, incurre en sanción de privación de libertad de cuatro a diez años, siempre que el hecho no constituya un delito de mayor entidad.

8. En los casos de comisión de este delito podrá imponerse además, como sanción accesoria, la de confiscación de bienes.

SECCIÓN SEGUNDA. EXACCIÓN ILEGAL Y NEGOCIACIONES ILÍCITAS

ARTÍCULO 153.1.- El funcionario o empleado público que, prevaliéndose de sus funciones o cargo, exija directa o indirectamente el pago de impuestos, tasas, derechos o cualquier otro ingreso al presupuesto del Estado, a sabiendas de que son indebidos o que son superiores a la cuantía establecida legalmente, incurre en sanción de privación de libertad de uno a tres años o multa de trescientas a mil cuotas o ambas.

2. El funcionario o empleado público que debiendo intervenir por razón de su cargo en cualquier contrato, negociación, decisión, negocio u operación, se aproveche de esta circunstancia para obtener, directamente o por persona intermedia, para sí o para otro, algún interés o beneficio de aquellos, incurre en sanción de privación de libertad de tres a ocho años.

3. En el caso de comisión del delito previsto en el apartado anterior, podrá imponerse además, como sanción accesoria, la de confiscación de bienes.

CAPÍTULO V. DENUNCIA O ACUSACION FALSA

ARTÍCULO 154. 1.- Incurre en sanción de privación de libertad de seis meses a dos años o multa de doscientas a quinientas cuotas el que:

a) a sabiendas de que falta a la verdad y con el propósito de que se inicie un proceso penal contra otro, le impute, ante el tribunal o funcionario que deba proceder a la investigación, hechos que, de ser ciertos, serían constitutivos de delito;

b) simule la existencia de huellas, indicios u otras pruebas materiales o suprima o altere las existentes, con el ánimo de inculpar a otro como responsable de un delito.

2. Si, como consecuencia de la denuncia o acusación falsa, el ofendido sufre un perjuicio grave, la sanción es de privación de libertad de tres a ocho años.

CAPÍTULO VI. PERJURIO

ARTÍCULO 155.1.- El que, intencionalmente, al comparecer como testigo, perito o intérprete, ante un tribunal o funcionario competente, preste una declaración falsa o deje de decir lo que sabe acerca de lo que se le interroga, incurre en sanción de privación de libertad de uno a tres años o multa de trescientas a mil cuotas.

2. Si la declaración falsa se presta en proceso penal y resulta de ella un perjuicio grave, la sanción es de privación de libertad de tres a ocho años.

3. Si alguna de las personas relacionadas en el apartado 1 depone sobre los mismos hechos en la fase preparatoria del proceso y en el juicio oral, sólo le es imputable la declaración falsa que presta en éste.

ARTÍCULO 156.1.- El que, a sabiendas, proponga a un tribunal o funcionario público competente un testigo falso, incurre en sanción de privación de libertad de seis meses a dos años o multa de doscientas a quinientas cuotas.

2. Si, como consecuencia de ese medio de prueba, resulta un perjuicio grave, la sanción es de privación de libertad de tres a ocho años.

ARTÍCULO 157.- Está exento de sanción el culpable del delito de perjurio que se retracte de su falsa declaración cuando todavía sea posible evitar los efectos de ésta.

CAPÍTULO VII. SIMULACION DE DELITO

ARTÍCULO 158.- El que, ante funcionario judicial, fiscal o de policía o por cualquier otro medio idóneo, denuncie un delito ficticio o prepare huellas, indicios u otras pruebas falsas que hagan suponer su comisión, con el propósito, en uno u otro caso, de que se inicie un proceso penal, aunque sin inculpar a persona determinada, incurre en sanción de privación de libertad de tres meses a un año o multa de cien a trescientas cuotas.

CAPÍTULO VIII. EJERCICIO ARBITRARIO DE DERECHOS

ARTÍCULO 159.1.- El que, en lugar de recurrir a la autoridad competente para ejercer un derecho que le corresponda o razonablemente crea corresponderle, lo ejerza por sí mismo, en contra de la voluntad expresa o presunta del obligado, incurre en sanción de privación de libertad de uno a tres meses o multa hasta cien cuotas.

2. Si se emplea violencia o intimidación en las personas o fuerza en las cosas para ejecutar el hecho y siempre que éste, por sus resultados, no constituya un delito de mayor entidad, la sanción es de privación de libertad de tres meses a un año o multa de cien a trescientas cuotas.

CAPÍTULO IX. ENCUBRIMIENTO

ARTÍCULO 160. 1.- El que, con conocimiento de que una persona ha participado en la comisión de un delito o de que se le acusa de ello y, fuera de los casos de complicidad en el mismo, la oculte o le facilite ocultarse o huir o altere o haga desaparecer indicios o pruebas que cree que puedan perjudicarla o en cualquier otra forma la ayude a eludir la investigación y a sustraerse de la persecución penal, incurre en igual sanción que la establecida para el delito encubierto rebajados en la mitad sus límites mínimo y máximo.

2. En igual sanción incurre el que, conociendo el acto ilícito o debiendo haberlo presumido, ayude al culpable a asegurar el producto del delito.

3. No se sanciona a quien realiza el hecho previsto en el apartado 1 para favorecer a sus ascendientes, descendientes, cónyuge o hermanos, siempre que no se aproveche de los efectos del delito.

CAPÍTULO X. INCUMPLIMIENTO DEL DEBER DE DENUNCIAR

ARTÍCULO 161.1.- Incurre en sanción de privación de libertad de tres meses a un año o multa de cien a trescientas cuotas o ambas el que:

a) con conocimiento de que se ha cometido o se intenta cometer un delito, deja de denunciarlo a las autoridades, tan pronto como pueda hacerlo;

b) con conocimiento de la participación de una persona en un hecho delictivo, no la denuncia oportunamente a las autoridades.

2. Lo dispuesto en el apartado anterior no se aplica a las personas que, según la ley, no están obligadas a denunciar.

ARTÍCULO 162.- El médico que al asistir a una persona o reconocer a un cadáver nota u observa signos de lesiones externas por violencia o indicios de intoxicación, de envenenamiento

o de haberse cometido cualquier delito y no da cuenta inmediatamente a las autoridades, consignando los datos correspondientes, incurre en sanción de privación de libertad de seis meses a dos años o multa de doscientas a quinientas cuotas, siempre que el hecho no constituya un delito de mayor entidad.

CAPÍTULO XI. QUEBRANTAMIENTO DE SANCIÓNES Y DE MEDIDAS CAUTELARES PRIVATIVAS DE LIBERTAD

SECCIÓN PRIMERA. EVASIÓN DE PRESOS O DETENIDOS

ARTÍCULO 163.1.- El que se evada o intente evadirse del establecimiento penitenciario o del lugar en que se halle cumpliendo sanción o medida de seguridad, sujeto a prisión provisional o detenido, o se sustrae o intenta sustraerse de la vigilancia de sus custodios en ocasión de ser conducido o trasladado, incurre en sanción de privación de libertad de uno a tres años o multa de trescientas a mil cuotas.

2. Si en la evasión o el intento de evasión se emplea violencia o fuerza, o se proyecta colectivamente, la sanción es de privación de libertad de cuatro a diez años, con independencia de las que corresponden a los delitos cometidos.

3. Si el evadido se presenta voluntariamente antes de transcurrir veinte días desde su evasión, la sanción puede rebajarse hasta en dos tercios de su límite mínimo.

SECCIÓN SEGUNDA. AYUDA A LA EVASIÓN DE PRESOS O DETENIDOS E INFIDELIDAD EN SU CUSTODIA

ARTÍCULO 164.1.- El que procure o facilite la evasión de un individuo privado legalmente de libertad, u oculte o en cualquier forma preste ayuda al evadido, incurre en sanción de privación de libertad de dos a cinco años.

2. Si el hecho se comete por el propio funcionario público encargado de la vigilancia o conducción del evadido o por quien, sin ostentar este carácter, ha asumido esta tarea en cumplimiento de un deber legal o social, la sanción es de privación de libertad de tres a ocho años.

3. Si la evasión se produce por imprudencia de los vigilantes o custodios, la sanción es de privación de libertad de uno a tres años o multa de trescientas a mil cuotas.

4. En el caso del apartado anterior, si el culpable logra la aprehensión del prófugo antes de transcurrir un mes de la evasión, queda exento de sanción.

SECCIÓN TERCERA. DESÓRDENES EN LOS ESTABLECIMIENTOS PENITENCIARIOS O CENTROS DE REEDUCACIÓN

ARTÍCULO 165.1.- Los acusados en prisión provisional, sancionados a privación de libertad o asegurados, que en forma tumultuaria y mediante violencia o amenazas, intenten obligar a sus vigilantes o custodios a la ejecución, omisión o tolerancia de cualquier acto, incurren en sanción de privación de libertad de cuatro a diez años.

2. El participante en el tumulto o desorden que durante su ocurrencia cometa un acto que cause la muerte de un tercero, incurre en sanción de privación de libertad de ocho a veinte años, siempre que el hecho no constituya un delito de mayor entidad.

3. Si, como consecuencia del tumulto o del desorden, se causa la muerte de un tercero y no puede determinarse la identidad del autor, los promotores y participantes son sancionados con privación de libertad de siete a quince años.

4. Los actos preparatorios del delito previsto en este artículo se sancionan conforme a lo dispuesto en el artículo 12.5.

ARTÍCULO 166.1.- El detenido, sancionado a privación de libertad o asegurado que tenga en su poder armas cortantes, punzantes o contundentes o cualquier otro instrumento propio para ejercer violencia, incurre en sanción de privación de libertad de tres meses a un año.

2. Si se trata de un arma de fuego de cualquier clase, la sanción es de privación de libertad de dos a cinco años.

SECCIÓN CUARTA. INCUMPLIMIENTO DE SANCIONES ACCESORIAS Y DE MEDIDAS DE SEGURIDAD NO PRIVATIVAS DE LIBERTAD

ARTÍCULO 167.- El que incumpla alguna sanción accesoria o medida de seguridad no privativa de libertad que le haya sido impuesta, incurre en sanción de privación de libertad de tres meses a un año o multa de cien a trescientas cuotas o ambas.

CAPÍTULO XII. INFIDELIDAD EN LA CUSTODIA DE DOCUMENTOS U OTROS OBJETOS

SECCIÓN PRIMERA. SUSTRACCIÓN Y DAÑO DE DOCUMENTOS U OTROS OBJETOS EN CUSTODIA OFICIAL Y VIOLACIÓN DE SELLOS OFICIALES

168.1.- El que sustraiga, altere u oculte documentos, legajos, papeles u objetos depositados en archivos y otros lugares destinados a su conservación oficial o confiados a la custodia de un funcionario público, o intencionalmente los destruya o deteriore, incurre en sanción de privación de libertad de tres meses a un año o multa de cien a trescientas cuotas.

2. Si el hecho se comete por el funcionario público encargado de la custodia de los documentos u objetos a que se refiere el apartado anterior, o con abuso de su cargo, o por quien, sin ostentar este

carácter los tiene a su disposición en cumplimiento de un trámite legal o por cualquier otro motivo legítimo, la sanción es de privación de libertad de uno a tres años o multa de trescientas a mil cuotas.

3. Si el documento u objeto sustraído, alterado, ocultado, destruido o deteriorado es un envío de correspondencia postal o telegráfica, o una encomienda, bulto, pequeño paquete, despacho u otro medio postal, la sanción es de:

a) privación de libertad de seis meses a dos años o multa de doscientas a quinientas cuotas, en el caso previsto en el apartado 1;

b) privación de libertad de dos a cinco años o multa de trescientas a mil cuotas, en el caso previsto en el apartado 2.

4. El que rompa, quite o dañe sellos oficiales puestos por un funcionario público en cualquier inmueble, mueble, objeto o documento, como diligencia previa a la práctica de una auditoría, examen especial o inspección, o con la finalidad de asegurar su identificación o la conservación de su estado, incurre en sanción de privación de libertad de tres meses a un año o multa de cien a trescientas cuotas.

SECCIÓN SEGUNDA. INFRACCIÓN DE LAS NORMAS DE PROTECCIÓN DE DOCUMENTOS CLASIFICADOS

ARTÍCULO 169.1.- El funcionario o empleado que, con propósito malicioso o con infracción de las disposiciones legales sobre el Secreto Estatal, destruya, altere, oculte, cambie, dañe o por cualquier otro medio inutilice documentos estatales comprendidos en la categoría legal de documentos clasificados, incurre en sanción de privación de libertad de dos a cinco años.

2. El delito previsto en el apartado anterior se sanciona con independencia de los que se cometan para su ejecución o en ocasión de ella.

CAPÍTULO XIII. INCUMPLIMIENTO DE LAS OBLIGACIONES DERIVADAS DE LA COMISIÓN DE CONTRAVENCIONES

ARTÍCULO 170.1.- El que no cumpla las obligaciones derivadas de una resolución que haya agotado sus trámites procesales legales, dictada por autoridad o funcionario competente, relativas a contravenciones, incurre en sanción de privación de libertad de uno a seis meses.

2. El tribunal, en el caso previsto en este artículo, puede sustituir la sanción privativa de libertad por la de trabajo correccional con internamiento.

3. En el caso previsto en el apartado 1 sólo se procede si media denuncia de la autoridad o funcionario que dictó la resolución de que se trate. Si antes de dictarse sentencia, el acusado satisface las obligaciones derivadas de dicha resolución, se archivarán las actuaciones.

CAPÍTULO XIV. VIOLACIÓN DE LOS DEBERES INHERENTES AL SERVICIO MILITAR GENERAL

ARTICULO 171.1. Incurre en sanción de privación de libertad de tres meses a un año o multa de cien a trescientas cuotas, la autoridad, funcionario o empleado que:

a) impida, obstaculice o ayude a evadir, de cualquier modo, el cumplimiento de las obligaciones con el Servicio Militar General por quien le está subordinado laboral o administrativamente;

b) incumpla sus obligaciones con el registro militar, con la ejecución del aviso y entrega del personal o de los medios o equipos de la economía nacional asignados a las Fuerzas Armadas Revolucionarias.

2. En igual sanción incurre el que, con el propósito de eludir el cumplimiento de sus obligaciones concernientes al Servicio Militar General, incumple los trámites relativos a su incorporación al Servicio Militar Activo o de Reserva, o con otros actos relacionados con el Servicio Militar General.

3. Si para la realización de los hechos a que se refiere el apartado anterior se utiliza un medio fraudulento, la sanción es de privación de libertad de seis meses a dos años o multa de doscientas a quinientas cuotas.

ARTÍCULO 172.- El reservista que no se presente al llamado para su incorporación a filas ante una posible agresión del enemigo, incurre en sanción de privación de libertad de seis meses a dos años.

CAPÍTULO XV. DISPOSICIÓN COMPLEMENTARIA

ARTÍCULO 173.- A los efectos de este Título, se entiende por funcionario público toda persona que tenga funciones de dirección o que ocupe un cargo que implique responsabilidad de custodia, conservación o vigilancia en organismo público, institución militar, oficina del Estado, empresa o unidad de producción o de servicio.

TÍTULO III. DELITOS CONTRA LA SEGURIDAD COLECTIVA

CAPÍTULO I. ESTRAGOS

ARTÍCULO 174.1.- El que, mediante incendio, inundación, derrumbe, explosión u otra forma igualmente capaz de producir grandes estragos, ponga en peligro la vida de las personas o la existencia de bienes de considerable valor, incurre en sanción de privación de libertad de dos a cinco años.

2. En igual sanción incurre el que, de cualquier modo, aumente el peligro común o entorpezca su prevención o la disminución de sus efectos.

3. Si, como consecuencia de los hechos previstos en los apartados anteriores, resultan daños considerables para los bienes, la sanción es de privación de libertad de tres a ocho años.

4. Si, como consecuencia de los hechos previstos en los apartados 1 y 2, resultan lesiones graves o la muerte de alguna persona, la sanción es de privación de libertad de cinco a doce años.

CAPÍTULO II. INUTILIZACIÓN DE DISPOSITIVOS DE SEGURIDAD

ARTÍCULO 175.- El que destruya, deteriore o suprima los dispositivos públicos de seguridad para prevenir los incendios, las inundaciones o los derrumbes, incurre en sanción de:

a) privación de libertad de uno a tres años o multa de trescientas a mil cuotas si, como consecuencia del hecho, resultan daños considerables para los bienes;

b) privación de libertad de dos a cinco años si, como consecuencia del hecho, resulta lesionada gravemente alguna persona;

c) privación de libertad de tres a ocho años si, como consecuencia del hecho, resulta la muerte de alguna persona.

ARTÍCULO 176.- El que, a consecuencia de destruir, modificar, dañar o suprimir una señal destinada a llamar la atención sobre la amenaza de un peligro, ocasione lesiones graves o la muerte de alguna persona o daños considerables para los bienes, incurre en sanción de privación de libertad de uno a tres años.

CAPÍTULO III. DELITOS CONTRA LA SEGURIDAD DEL TRÁNSITO

SECCIÓN PRIMERA. DELITOS COMETIDOS EN OCASIÓN DE CONDUCIR VEHÍCULOS POR LAS VÍAS PÚBLICAS

ARTÍCULO 177.- El conductor de un vehículo que, infringiendo las leyes o reglamentos del tránsito, cause la muerte a una persona, incurre en sanción de privación de libertad de uno a diez años.

ARTÍCULO 178.1.- El conductor de un vehículo que, infringiendo las leyes o reglamentos del tránsito, cause lesiones graves o dañe gravemente la salud a una persona, incurre en sanción de privación de libertad de uno a tres años.

2. A los efectos de lo dispuesto en el apartado anterior se consideran lesiones graves las que ponen en peligro inminente la vida de la víctima, o dejan deformidad, incapacidad o cualquier otra secuela anatómica, fisiológica o síquica.

3. Si las lesiones no ponen en peligro inminente la vida de la víctima ni le dejan deformidad, incapacidad o secuela de ninguna clase, la sanción es de privación de libertad de uno a tres meses o multa hasta cien cuotas.

ARTÍCULO 179.1.- El conductor de un vehículo que, infringiendo las leyes o reglamentos del tránsito, cause daños a bienes de ajena pertenencia, incurre en sanción de multa hasta cien cuotas.

2. Si el daño causado es de valor considerable, o si, a causa del mismo, se produce un perjuicio grave, la sanción es de privación de libertad de tres meses a un año o multa de cien a trescientas cuotas.

3. En los casos previstos en este artículo sólo se procede si media denuncia del perjudicado. No obstante, si el perjudicado desiste de su denuncia, por escrito y en forma expresa antes del juicio o verbalmente y dejando constancia en acta durante su celebración, se archivarán las actuaciones.

ARTÍCULO 180.1.- El que, sin ser conductor de un vehículo, por infringir las leyes o reglamentos del tránsito, dé lugar a que se produzca un accidente del que resulte la muerte de alguna persona, incurre en sanción de privación de libertad de uno a tres años.

2. Si del hecho resultan lesiones graves o daños de considerable valor, la sanción es de privación de libertad de tres meses a un año o multa de cien a trescientas cuotas o ambas.

ARTÍCULO 181.1.- Incurre en sanción de privación de libertad de tres meses a un año o multa de cien a trescientas cuotas o ambas, el que:

a) conduzca un vehículo encontrándose en estado de embriaguez alcohólica, o bajo los efectos de la ingestión de drogas tóxicas, o sustancias alucinógenas, hipnóticas, estupefacientes u otras de efectos similares;

b) permita que otra persona en estado de embriaguez alcohólica, o bajo los efectos de la ingestión de drogas tóxicas, o sustancias alucinógenas, hipnóticas, estupefacientes u otras de efectos similares, conduzca un vehículo de su propiedad o del que esté encargado por cualquier concepto.

2. Se sanciona con privación de libertad de uno a tres meses o multa hasta cien cuotas o ambas, al que:

a) conduzca un vehículo habiendo ingerido bebidas alcohólicas en cantidad suficiente para afectar su capacidad de conducción, aunque sin llegar al estado de embriaguez;

b) permita que otro conduzca un vehículo dnne su propiedad o del que esté encargado por cualquier concepto, a sabiendas de que ha ingerido bebidas alcohólicas que, sin llegar al estado de embriaguez, le han afectado su capacidad de conducción.

3. Si el delito se comete por un conductor de vehículo de carga o de transporte colectivo de pasajeros, o un conductor profesional que actúe como tal, la sanción es de:

a) privación de libertad de seis meses a dos años o multa de doscientas a quinientas cuotas o ambas, en el caso del apartado 1;

b) privación de libertad de tres meses a un año o multa de cien a trescientas cuotas o ambas, en el caso del apartado 2.

4. Las sanciones previstas en los apartados anteriores se imponen con independencia de las que correspondan con motivo del resultado que eventualmente se produzca.

ARTÍCULO 182.1.- La sanción accesoria de suspensión de la licencia de conducción puede imponerse, según los casos, si el sancionado ha incurrido en alguno de los delitos contra la seguridad del tránsito previstos en este Código.

2. El término de dicha sanción accesoria será equivalente al de la más grave sanción de privación de libertad impuesta y se contará desde el día en que el sancionado comienza a disfrutar de libertad, aunque sea condicional.

3. Si la sanción impuesta es de multa, el término de la accesoria se computa a razón de un día por cuota, y se cuenta desde el día en que el sancionado la haya satisfecho o haya comenzado a disfrutar de libertad después de haber sufrido apremio personal en defecto de pago.

4. No obstante lo dispuesto en los apartados anteriores, la sanción accesoria de suspensión de la licencia de conducción no se impondrá por término inferior a un mes ni superior a cinco años.

5. A los que reinciden en la infracción del apartado 1, inciso a) del artículo 181, se les puede imponer, como sanción accesoria, la suspensión de la licencia de conducción por un período no menor de un año ni mayor de diez.

6. Para el cumplimiento de la sanción accesoria de suspensión de la licencia de conducción, los tribunales ocuparán al sancionado la licencia de conducción o cualquier otro documento que autorice legalmente para conducir vehículos de motor, si los tiene, y notificarán la imposición de la sanción al órgano facultado para expedir esas licencias o autorizaciones, o sus duplicados, previniéndoles de que no las expidan a favor del Sancionado hasta que expire el término de la suspensión.

ARTÍCULO 183.- Para la adecuación de las sanciones establecidas en el presente Capítulo, los tribunales tienen en cuenta:

a) la mayor o menor gravedad de la infracción que produjo el evento dañoso, según su calificación por las leyes o reglamentos del tránsito. Cuando se trate de infracciones cuya mayor o menor gravedad no haya sido determinada expresamente por dichas leyes o reglamentos, la determinación la harán los tribunales en sus sentencias, teniendo en cuenta la mayor o menor probabilidad de que se produzcan accidentes al incurrirse en ellas;

b) si el culpable ha sido con anterioridad ejecutoriamente sancionado por la comisión de algún delito contra la seguridad del tránsito y, especialmente, el número y la entidad de las infracciones cometidas por el mismo durante el año natural anterior a la fecha de la comisión del delito.

SECCIÓN SEGUNDA. DELITOS COMETIDOS EN OCASIÓN DEL TRÁNSITO FERROVIARIO, AÉREO Y MARÍTIMO

ARTÍCULO 184.1.- El que por incumplir las leyes o reglamentos del tránsito ferroviario, aéreo o marítimo, provoque un accidente, es sancionado:

a) con privación de libertad de uno a diez años si como consecuencia del accidente se causa la muerte a otro;

b) con privación de libertad de uno a tres años si como consecuencia del accidente se causan lesiones graves o se daña gravemente la salud a otro;

c) con privación de libertad de uno a tres meses o multa hasta cien cuotas si como consecuencia del accidente se causan a otro lesiones que no ponen en peligro inminente la vida de la víctima ni le dejan deformidad, incapacidad o secuela de ninguna clase;

ch) con privación de libertad de tres meses a un año o multa de cien a trescientas cuotas o ambas si como consecuencia del accidente se causan daños a bienes de ajena pertenencia, de considerable valor;

d) con multa hasta cien cuotas si como consecuencia del accidente se causan daños a bienes de ajena pertenencia, de limitado valor.

2. En los casos previstos en los incisos ch) y d) del apartado anterior sólo se procede si media denuncia del perjudicado. No obstante, si el perjudicado desiste de su denuncia, por escrito y en forma expresa antes del juicio o verbalmente y dejando constancia en acta durante su celebración, se archivarán las actuaciones.

CAPÍTULO IV. INFRACCIONES DE LAS NORMAS REFERENTES AL USO Y CONSERVACIÓN DE LAS SUSTANCIAS RADIOACTIVAS U OTRAS FUENTES DE RADIACIONES IONIZANTES

ARTÍCULO 185.1.- Incurre en sanción de privación de libertad de cinco a doce años el que:

a) de propósito realice actos que pongan en peligro u ocasionen daños de cualquier naturaleza a medios de transporte de materiales nucleares, con el fin de obstaculizar su funcionamiento;

b) libere intencionalmente energía nuclear, sustancias radioactivas u otras fuentes de radiaciones ionizantes que pongan en peligro la vida o la salud de las personas o sus bienes, aunque no se produzcan daños;

c) de propósito e indebidamente, demande, tenga en su poder, utilice, sustraiga, se apodere o desvíe de su ruta materiales nucleares, sustancias radioactivas u otras fuentes de radiaciones ionizantes;

ch) abandone, arroje o altere materiales nucleares, sustancias radioactivas u otras fuentes de radiaciones ionizantes.

2. Si en la realización de los actos previstos en el apartado anterior el culpable emplea engaño, amenaza, violencia o intimidación en las personas o fuerza en las cosas, o se apropia de bienes que le hayan sido confiados o tenga en custodia, o se ocasionan daños a bienes o a la salud de las personas o al medio ambiente, la sanción es de privación de libertad de diez a veinte años.

ARTÍCULO 186.1.- Incurre en sanción de privación de libertad de tres a ocho años el que:

a) sin la debida autorización, ponga en operación una instalación o medios de transporte en que se empleen materiales nucleares, sustancias radioactivas u otras fuentes de radiaciones ionizantes;

b) sin la debida autorización reciba, transporte, almacene, facilite, trafique, o retire materiales nucleares, sustancias radioactivas u otras fuentes de radiaciones ionizantes.

2. La sanción es de privación de libertad de cuatro a diez años, si, con motivo de los actos previstos en el apartado anterior, el culpable u otra persona hace uso indebido de los referidos materiales.

3. Las sanciones previstas en este capítulo se imponen siempre que los hechos no constituyan un delito más grave.

CAPÍTULO V. DELITOS CONTRA LA SALUD PÚBLICA

SECCIÓN PRIMERA. PROPAGACIÓN DE EPIDEMIAS

ARTÍCULO 187.1.- El que infrinja las medidas o disposiciones dictadas por las autoridades sanitarias competentes para la prevención y control de las enfermedades trasmisibles y los programas o campañas para el control o erradicación de enfermedades o epidemias de carácter grave o peligrosas, incurre en sanción de privación de libertad de tres meses a un año o multa de cien a trescientas cuotas o ambas.

2. En igual sanción incurre el que se niegue a colaborar con las autoridades sanitarias en los lugares del territorio nacional en que cualquier enfermedad trasmisible adquiera características epidémicas graves o en los territorios colindantes expuestos a la propagación.

3. El que maliciosamente propague o facilite la propagación de una enfermedad, incurre en sanción de privación de libertad de tres a ocho años.

SECCIÓN SEGUNDA. EXHUMACIONES ILEGALES

ARTÍCULO 188.- El que, sin cumplir las formalidades legales, realice o haga realizar una exhumación o el traslado de un cadáver o de restos humanos, incurre en sanción de privación de libertad de tres meses a un año o multa de cien a trescientas cuotas.

SECCIÓN TERCERA. ADULTERACIÓN DE MEDICINAS

ARTÍCULO 189.1.- Se sanciona con privación de libertad de tres meses a un año o multa de cien a trescientas cuotas o ambas al farmacéutico o empleado autorizado que:

a) despache medicamentos deteriorados o en mal estado de conservación;

b) sustituya indebidamente un medicamento por otro;

c) despache medicamentos contraviniendo las formalidades legales o reglamentarias;

ch) prepare un medicamento en forma distinta a la indicada en la fórmula o prescripción facultativa.

2. Las sanciones previstas en el apartado anterior se imponen siempre que el hecho no constituya un delito de mayor entidad.

SECCIÓN CUARTA. PRODUCCIÓN, VENTA, DEMANDA, TRÁFICO, DISTRIBUCIÓN Y TENENCIA ILÍCITOS DE DROGAS, ESTUPEFACIENTES, SUSTANCIAS SICOTRÓPICAS Y OTRAS DE EFECTOS SIMILARES

ARTÍCULO 190.1.- Incurre en sanción de privación de libertad de cuatro a diez años, el que:

a) sin estar autorizado, produzca, transporte, trafique, adquiera, introduzca o extraiga del territorio nacional o tenga en su poder con el propósito de traficar o de cualquier modo procure a otro, drogas, estupefacientes, sustancias sicotrópicas u otras de efectos similares;

b) mantenga en su poder u oculte sin informar de inmediato a las autoridades, los hallazgos de drogas, estupefacientes, sustancias sicotrópicas u otras de efectos similares;

c) cultive la planta "Cannabis Indica", conocida por marihuana, u otras de propiedades similares, o a sabiendas posea semillas o partes de dichas plantas. Si el cultivador es propietario, usufructuario u ocupante por cualquier concepto legal de tierra se le impone, además, como sanción accesoria,

la confiscación de la tierra o privación del derecho, según el caso.

2. La sanción es de privación de libertad de ocho a veinte años si los hechos previstos en el apartado anterior se realizan con cantidades relativamente grandes de las drogas o sustancias referidas.

3. La sanción es de privación de libertad de quince a treinta años o muerte:

a) si los hechos a los que se refiere el apartado 1 se cometen por funcionarios públicos, autoridades o sus agentes o auxiliares, o estos facilitan su ejecución, aprovechándose de esa condición o utilizando medios o recursos del Estado;

b) si el inculpado en la transportación o tráfico ilícito internacional de drogas, estupefacientes, sustancias sicotrópicas u otras de efectos similares, penetra en territorio nacional por cualquier circunstancia, utilizando nave o aeronave u otro medio de transportación;

c) si el inculpado participa de cualquier forma en actos relacionados con el tráfico ilícito internacional de drogas o estupefacientes, sustancias sicotrópicas u otras de efectos similares;

ch) si en la comisión de los hechos previstos en los apartados anteriores se utiliza persona menor de 16 años.

4. El que, al tener conocimiento de la preparación o ejecución de cualquiera de los delitos previstos en este artículo, no lo denuncie, incurre en sanción de privación de libertad de dos a cinco años.

5. Los actos preparatorios de los delitos previstos en este artículo se sancionan conforme a lo dispuesto en el artículo 12.5.

6. Con independencia de lo dispuesto en el inciso c) del apartado 1, a los declarados responsables por cualquiera de los delitos previstos en este artículo, puede imponérseles, además, la sanción accesoria de confiscación de bienes.

ARTÍCULO 191.- La simple tenencia de drogas estupefacientes, sustancias sicotrópicas u otras de efectos similares sin la debida autorización o prescripción facultativa, se sanciona:

a) con privación de libertad de uno a tres años o multa de trescientas a mil cuotas o ambas, cuando se trate de cocaína o de otras sustancias de efectos similares o superiores;

b) con privación de libertad de seis meses a dos años o multa de doscientas a quinientas cuotas o ambas, cuando se trate de la "Cannabis Indica" conocida por marihuana; y

c) con privación de libertad de tres meses a un año o multa de cien a trescientas cuotas o ambas, cuando se trate de drogas estupefacientes, sustancias sicotrópicas u otras de efectos similares no comprendidas en los apartados anteriores.

ARTÍCULO 192.1.- Se sanciona con privación de libertad de tres a ocho años:

a) al profesional que, autorizado para recetar o administrar drogas estupefacientes, sustancias sicotrópicas, u otras de efectos similares, lo haga con fines distintos a los estrictamente terapéuticos;

b) al que por razón del cargo o empleo que desempeñe, y a consecuencia de infringir las disposiciones legales o reglamentarias a que está obligado, permita la introducción o tránsito en el país, o la extracción de éste, de drogas estupefacientes, sustancias sicotrópicas u otras de efectos similares.

2. Si los hechos previstos en el apartado anterior se realizan en cantidades relativamente grandes de las sustancias referidas, la sanción es de privación de libertad de cuatro a diez años.

ARTÍCULO 193.- El que infrinja las medidas de control legalmente establecidas para la producción, fabricación, preparación, distribución, venta, expedición de recetas, transporte, almacenaje o cualquier otra forma de manipulación de drogas estupefacientes o sustancias sicotrópicas u otras de efectos similares, se sanciona con privación de libertad de seis meses a dos

años o multa de doscientas a quinientas cuotas, o ambas.

SECCIÓN QUINTA. CONTAMINACIÓN DE LAS AGUAS Y DE LA ATMÓSFERA

ARTÍCULO 194.1.- Se sanciona con privación de libertad de tres meses a un año o multa de cien a trescientas cuotas o ambas al que:

a) arroje en las aguas potables objetos o sustancias nocivas para la salud;

b) contamine cuencas de abasto de aguas superficiales o subterráneas que se utilizan o puedan ser utilizadas como fuente de abastecimiento para la población;

c) omita cumplir las disposiciones legales tendentes a evitar la contaminación de la atmósfera con gases, sustancias o cualquier otra materia dañina para la salud provenientes de industrias u otras instalaciones o fuentes;

ch) teniendo a su cargo la operación de una instalación de abastecimiento de agua potable a la población, por negligencia o incumplimiento de las normas establecidas, dañe la calidad del agua, poniendo en peligro la salud de la población;

d) teniendo a su cargo la operación de una instalación para el tratamiento de aguas residuales domésticas, industriales o agropecuarias, por negligencia o incumplimiento de las normas establecidas, cause la contaminación de corrientes de aguas superficiales o subterráneas o del mar.

2. La sanción prevista en el apartado anterior se impone siempre que el hecho no constituya un delito de mayor entidad.

SECCIÓN SEXTA. OTRAS CONDUCTAS QUE IMPLICAN PELIGRO PARA LA SALUD PÚBLICA

ARTÍCULO 195.- El médico que no dé informe a las autoridades sanitarias competentes de los casos de enfermedades trasmisibles señaladas en los reglamentos, que conozca por razón de su profesión, incurre en sanción de privación de libertad de tres meses a un año o multa de cien a trescientas cuotas o ambas.

ARTÍCULO 196.- El veterinario que no dé cuenta a las autoridades sanitarias competentes de los casos de animales que presenten síntomas o padezcan enfermedades susceptibles de ser trasmitidas a otros animales o a seres humanos, que conozca por razón de su profesión, incurre en sanción de privación de libertad de tres meses a un año o multa de cien a trescientas cuotas o ambas.

ARTÍCULO 197.- El que, con cualquier pretexto, incite a otro a no admitir para ellos o sus familiares la asistencia médica o rechazar las medidas de medicina preventiva, incurre en sanción de privación de libertad de tres meses a un año o multa de cien a trescientas cuotas o ambas.

ARTÍCULO 198.- El que se apodere, trafique, almacene, facilite, procese, reciba, emplee, transporte o exporte sustancias u objetos contaminados o contaminadores o destinados a ser inutilizados o desinfectados, o los retenga indebidamente en su poder, incurre en sanción de privación de libertad de seis meses a dos años o multa de doscientas a quinientas cuotas o ambas.

ARTÍCULO 199.1.- El director, técnico o auxiliar de laboratorio clínico que falsee el resultado de los análisis que hayan sido practicados bien por ellos mismos o por personal que les esté subordinado, incurre en sanción de privación de libertad de uno a tres años o multa de trescientas a mil cuotas.

2. Si, como consecuencia de la falsedad cometida, dejan de adoptarse las medidas terapéuticas adecuadas o se emplean otras contraindicadas y, debido a ello, sufre daños la salud de una persona o se agrava la enfermedad que padece, la sanción es de privación de libertad de tres a ocho años.

3. Si, como consecuencia del hecho descrito en el apartado anterior, resulta la muerte de una persona, la sanción es de privación de libertad de cinco a doce años.

TÍTULO IV. DELITOS CONTRA EL ORDEN PÚBLICO

CAPÍTULO I. DESORDENES PUBLICOS

ARTÍCULO 200.1.- El que, sin causa que lo justifique, en lugares públicos, espectáculos o reuniones numerosas, dé gritos de alarma, o profiera amenazas de un peligro común, incurre en sanción de privación de libertad de tres meses a un año o multa de cien a trescientas cuotas o ambas.

2. Si los actos previstos en el apartado anterior se realizan con el propósito de provocar pánico o tumulto, o de cualquier otra forma altere el orden público, la sanción es de privación de libertad de uno a tres años o multa de trescientas a mil cuotas o ambas.

3. Si para la ejecución del hecho, se emplea un arma de cualquier clase o materias explosivas, la sanción es de:

a) privación de libertad de uno a tres años en el caso del apartado 1; y

b) privación de libertad de dos a cinco años en el caso del apartado 2.

4. Los delitos previstos en los apartados anteriores se sancionan con independencia de los que se cometan para su ejecución o en ocasión de ella.

ARTÍCULO 201.1.- El que, provoque riñas o altercados en establecimientos abiertos al público, vehículos de transporte público, círculos sociales, espectáculos, fiestas familiares o públicas u otros actos o lugares al que concurren numerosas personas, incurre en sanción de privación de libertad de tres meses a un año o multa de cien a trescientas cuotas o ambas.

2. Si los actos previstos en el apartado anterior se realizan con el propósito de alterar de cualquier forma el orden público, la sanción es de privación de libertad de uno a tres años o multa de trescientas a mil cuotas o ambas.

3. Los delitos previstos en los apartados anteriores se sancionan con independencia de los que se cometan para su ejecución o en ocasión de ella.

CAPÍTULO II. INSTIGACIÓN A DELINQUIR

ARTÍCULO 202.1.- El que, fuera del caso previsto en el inciso c) del artículo 125, incite públicamente a cometer un delito determinado, incurre en sanción de privación de libertad de tres meses a un año o multa de cien a trescientas cuotas.

2. Si la incitación surte efectos, se impone la sanción correspondiente al delito cometido si éste tiene fijada una sanción mayor a la señalada en el apartado anterior.

3. Si la incitación es para incumplir una ley, una disposición legal o una medida adoptada por las autoridades la sanción es de privación de libertad de uno a tres meses o multa hasta cien cuotas.

4. En igual sanción a la prevista en el apartado anterior, incurre el que incite al incumplimiento de los deberes ciudadanos relacionados con la defensa de la Patria, la producción o la educación.

CAPÍTULO III. ULTRAJE A LOS SÍMBOLOS DE LA PATRIA

ARTÍCULO 203.- El que ultraje o con otros actos muestre desprecio a la bandera, al himno o al escudo nacionales, incurre en sanción de privación de libertad de tres meses a un año o multa de cien a trescientas cuotas.

CAPÍTULO IV. DIFAMACIÓN DE LAS INSTITUCIONES Y ORGANIZACIONES Y DE LOS HÉROES Y MÁRTIRES

ARTÍCULO 204.- El que públicamente difame, denigre o menosprecie a las instituciones de la República, a las organizaciones políticas, de masas o sociales del país, o a los héroes y mártires de la Patria, incurre en sanción de privación de libertad de tres meses a un año o multa de cien a trescientas cuotas.

CAPÍTULO V. ULTRAJE A LOS SÍMBOLOS DE UN ESTADO EXTRANJERO

ARTÍCULO 205.- El que arranque, destruya o en cualquier forma ultraje la bandera, insignias u otro símbolo oficial de un Estado extranjero, expuesto públicamente por una representación acreditada de ese Estado, incurre en sanción de privación de libertad de uno a tres meses o multa hasta cien cuotas.

CAPÍTULO VI. ABUSO DE LA LIBERTAD DE CULTOS

ARTÍCULO 206.- El que, abusando de la libertad de cultos garantizada por la Constitución, oponga la creencia religiosa a los objetivos de la educación, o al deber de trabajar, de defender la Patria con las armas, de reverenciar sus símbolos o a cualesquiera otros establecidos en la Constitución, es sancionado con privación de libertad de tres meses a un año o multa de cien a trescientas cuotas.

CAPÍTULO VII. ASOCIACION PARA DELINQUIR

ARTÍCULO 207.1.- Los que, en número de tres o más personas, se asocien en una banda creada para cometer delitos, por el solo hecho de asociarse, incurren en sanción de privación de libertad de uno a tres años.

2. Si el único fin de la banda es el de provocar desórdenes o interrumpir fiestas familiares o públicas, espectáculos u otros eventos de la comunidad o cometer otros actos antisociales, la sanción es de privación de libertad de tres meses a un año o multa de cien a trescientas cuotas.

CAPÍTULO VIII. ASOCIACIONES, REUNIONES Y MANIFESTACIONES ILICITAS

ARTÍCULO 208.1.- El que pertenezca como asociado o afiliado a una asociación no inscripta en el registro correspondiente, incurre en sanción de privación de libertad de uno a tres meses o multa hasta cien cuotas.

2. Los promotores o directores de una asociación no inscripta incurren en sanción de privación de libertad de tres meses a un año o multa de cien a trescientas cuotas.

ARTÍCULO 209.1.- El que participe en reuniones o manifestaciones celebradas con infracción de las disposiciones que regulan el ejercicio de estos derechos, incurre en sanción de privación de libertad de uno a tres meses o multa hasta cien cuotas.

2. Los organizadores de reuniones o manifestaciones ilícitas incurren en sanción de privación de libertad de tres meses a un año o multa de cien a trescientas cuotas.

CAPÍTULO IX. CLANDESTINIDAD DE IMPRESOS

ARTÍCULO 210.- El que confeccione, difunda o haga circular publicaciones sin indicar la imprenta o el lugar de impresión o sin cumplir las reglas establecidas para la identificación de su autor o de su procedencia, o las reproduzca, almacene o transporte, incurre en sanción de privación de libertad de tres meses a un año o multa de cien a trescientas cuotas.

CAPÍTULO X. PORTACION Y TENENCIA ILEGAL DE ARMAS O EXPLOSIVOS

ARTÍCULO 211.1.- El que, sin autorización legal, adquiera, porte o tenga en su poder un arma de fuego, incurre en sanción de privación de libertad de dos a cinco años.

2. Si el hecho consiste en fabricar, vender o de cualquier modo facilitar a otro un arma de fuego, la sanción es de privación de libertad de tres a ocho años.

3. Cuando se trate de arma de fuego de clase para la que no se concede licencia, la sanción es de:

a) privación de libertad de tres a ocho años, en el caso del apartado 1;

b) privación de libertad de cuatro a diez años, en el caso del apartado 2.

ARTÍCULO 212.1.- Se sanciona con privación de libertad de seis meses a dos años o multa de doscientas a quinientas cuotas, al que, poseyendo licencia o autorización legal para portar un arma de fuego:

a) la porte en lugar u oportunidad en que se halle prohibido por disposición del órgano estatal competente;

b) preste o de cualquier modo procure a otro dicha arma.

2. En los casos previstos en el apartado anterior se impone, como sanción accesoria, el comiso del arma.

ARTÍCULO 213. El que fabrique, adquiera, venda, entregue o tenga en su poder explosivos o sustancias químicas explosivas, sin estar autorizado legalmente para ello, incurre en sanción de privación de libertad de uno a tres años, siempre que el hecho no constituya un delito de mayor entidad.

ARTÍCULO 214.- El que porte o tenga en su poder un puñal, una navaja, un punzón, un cuchillo o cualquier instrumento cortante, punzante o contundente, cuando las circunstancias de la ocupación evidencien que está destinado a la comisión de un delito o a la realización de cualquier acto antisocial, incurre en sanción de privación de libertad de tres meses a un año o multa de cien a trescientas cuotas.

CAPÍTULO XI. ENTRADA Y SALIDA ILEGAL DEL TERRITORIO NACIONAL

SECCIÓN PRIMERA. ENTRADA ILEGAL EN EL TERRITORIO NACIONAL

ARTÍCULO 215.1.- El que, sin cumplir las formalidades legales o las disposiciones inmigratorias, entre en el territorio nacional, incurre en sanción de privación de libertad de uno a tres años o multa de trescientas a mil cuotas.

2. Está exento de responsabilidad penal el que realiza el hecho descrito en el apartado anterior en busca de asilo.

SECCIÓN SEGUNDA. SALIDA ILEGAL DEL TERRITORIO NACIONAL

ARTÍCULO 216.1.- El que, sin cumplir las formalidades legales, salga o realice actos tendentes a salir del territorio nacional, incurre en sanción de privación de libertad de uno a tres años o multa de trescientas a mil cuotas.

2. Si para la realización del hecho a que se refiere el apartado anterior, se emplea violencia o intimidación en las personas o fuerza en las cosas, la sanción es de privación de libertad de tres a ocho años.

3. Los delitos previstos en los apartados anteriores se sancionan con independencia de los que se cometan para su ejecución o en ocasión de ella.

ARTÍCULO 217.1.- El que organice, promueva o incite la salida ilegal de personas del territorio nacional, incurre en sanción de privación de libertad de dos a cinco años.

2. El que preste ayuda material, ofrezca información o facilite de cualquier modo la salida ilegal de personas del territorio nacional, incurre en sanción de privación de libertad de uno a tres años o multa de trescientas a mil cuotas.

CAPÍTULO XII. ACTOS QUE AFECTAN EL DERECHO DE INVIOLABILIDAD DIPLOMATICA

ARTÍCULO 218.1.- El que, mediante engaño, cohecho, fuerza en las cosas o violencia o intimidación en las personas, subrepticiamente u obrando de cualquier otro modo ilícito, penetre o intente penetrar en locales que gozan del derecho de inviolabilidad diplomática, incurre en sanción de privación de libertad de dos a cinco años.

2. El delito previsto en el apartado anterior se sanciona con independencia de los que se cometan para su ejecución o en ocasión de ella.

CAPÍTULO XIII. JUEGOS PROHIBIDOS

ARTÍCULO 219.1.- El banquero, colector, apuntador o promotor de juegos ilícitos es Sancionado con privación de libertad de uno a tres años o multa de trescientas a mil cuotas o ambas.

2. Si el delito previsto en el apartado anterior se comete por dos o más personas, o utilizando menores de 16 años de edad, la sanción es de privación de libertad de tres a ocho años.

TÍTULO V. DELITOS CONTRA LA ECONOMIA NACIONAL

CAPÍTULO I. INCUMPLIMIENTO DE OBLIGACIONESEN ENTIDADES ECONOMICAS

ARTÍCULO 220.1.- El que, a consecuencia de incumplir las obligaciones que le están impuestas por razón del cargo, empleo, ocupación u oficio que desempeña en una entidad económica, en especial, las obligaciones relacionadas con el cumplimiento de normas o con la disciplina tecnológica, ocasione un daño o perjuicio considerable a la actividad de producción o de prestación de servicios que en la misma se realiza, o a sus equipos, máquinas, maquinarias, herramientas y los demás medios técnicos, es Sancionado con privación de libertad de seis meses a dos años o multa de doscientas a quinientas cuotas o ambas.

2. Cuando los hechos previstos en este artículo se cometan en perjuicio de una persona jurídica privada, sólo se procederá si media denuncia del perjudicado o del representante legal de la entidad.

CAPÍTULO II. INCUMPLIMIENTO DE NORMAS DE SEGURIDAD EN ENTIDADES ECONÓMICAS

ARTÍCULO 221.1.- El que, a consecuencia de incumplir alguna norma relativa a la seguridad de los bienes pertenecientes a una entidad económica, o al cuidado de ésta, dé lugar a que se produzcan daños a dichos bienes, incurre en sanción de privación de libertad de uno a tres años o multa de trescientas a mil cuotas o ambas.

2. En igual sanción incurre el que dé lugar a que se produzca el hecho descrito en el apartado anterior por no haber comunicado, teniendo la obligación de hacerlo, las normas de seguridad a quienes deban cumplirlas.

3. En los casos en que, por la naturaleza de la entidad, resulten aplicables las disposiciones relativas a la responsabilidad material, las sanciones previstas en los apartados anteriores sólo se impondrán cuando los daños ocasionados sean superiores a la cuantía establecida por dicha legislación.

4. Cuando los hechos previstos en este artículo se cometan en perjuicio de una persona jurídica privada, sólo se procederá si media denuncia del perjudicado o del representante legal de la entidad.

CAPÍTULO III. INCUMPLIMIENTO DEL DEBER DE PRESERVAR LOS BIENES DE ENTIDADES ECONOMICAS

ARTÍCULO 222.1.- El que, a consecuencia de incumplir las medidas a que está obligado por razón del cargo, ocupación u oficio que desempeña en una entidad económica, para impedir que se deterioren, corrompan, alteren, inutilicen, desaparezcan o sustraigan materias primas, productos elaborados, frutos, equipos, máquinas, maquinarias, herramientas, medios técnicos, recursos financieros o cualquier otra sustancia útil, ocasione un daño o perjuicio, incurre

en sanción de privación de libertad de tres meses a un año o multa de cien a trescientas cuotas o ambas.

2. En los casos en que, por la naturaleza de la entidad, resulten aplicables las disposiciones relativas a la responsabilidad material, las sanciones previstas en el apartado anterior sólo se impondrán cuando los daños ocasionados sean superiores a la cuantía establecida por dicha legislación.

3. Cuando los hechos previstos en este artículo se cometan en perjuicio de una persona jurídica privada, sólo se procederá si media denuncia del perjudicado o del representante legal de la entidad. No obstante, si el denunciante desiste de su denuncia por escrito y en forma expresa, antes del inicio del juicio, se archivarán definitivamente las actuaciones.

CAPÍTULO IV. OCULTACION U OMISION DE DATOS

ARTÍCULO 223.1.- Se sanciona con privación de libertad de uno a tres años o multa de trescientas a mil cuotas o ambas, al que:

a) teniendo, por razón del cargo que desempeña en una entidad económica, la obligación de suministrar a las autoridades, funcionarios o empleados estatales competentes informes o datos, a consecuencia de presentarlos ocultando, omitiendo o alterando los verdaderos, ocasione perjuicio a la economía nacional;

b) a consecuencia de incumplir las obligaciones que le estén impuestas por razón del cargo que desempeña en una entidad económica, respecto a la conservación de documentos, legajos, papeles u otras fuentes de información, relacionados con los controles de recursos materiales o financieros, dé lugar a su extravío, deterioro, destrucción o cualquier otra circunstancia que impida su utilización;

c) no proporcione a las autoridades competentes, teniendo la obligación de hacerlo por razón del cargo que desempeña en una entidad económica, la información o los elementos de comprobación suficientes acerca de la existencia o la utilización de los recursos financieros o materiales bajo su custodia, cuando sea requerido en forma legal.

2. Las sanciones previstas en el apartado anterior se imponen siempre que el hecho no constituya un delito de mayor entidad.

CAPÍTULO V. USO INDEBIDO DE RECURSOS FINANCIEROS Y MATERIALES

ARTÍCULO 224.1.- El que, teniendo por razón del cargo que desempeña la administración, cuidado y disponibilidad de bienes de propiedad de una entidad económica, conceda o reciba sin la debida autorización, recursos materiales o financieros o los utilice para fines públicos o sociales distintos a los que están destinados, incurre en sanción de privación de libertad de tres meses a un año o multa de cien a trescientas cuotas o ambas.

2. El que dilapide o dé lugar a que otro dilapide los recursos financieros o materiales señalados en el apartado anterior, incurre en sanción de privación de libertad de uno a tres años o multa de trescientas a mil cuotas o ambas.

3. Si, como consecuencia de los hechos previstos en los apartados anteriores, se producen perjuicios económicos de consideración, la sanción es de:

a) privación de libertad de uno a tres años o multa de trescientas a mil cuotas o ambas, en el caso del apartado 1;

b) privación de libertad de tres a ocho años en el caso del apartado 2.

4. Cuando los hechos previstos en este artículo se cometan en perjuicio de una persona jurídica privada, sólo se procederá si media denuncia del perjudicado o del representante legal de la entidad.

CAPÍTULO VI. ABUSO EN EL EJERCICIO DE CARGO O EMPLEO EN ENTIDAD ECONOMICA

ARTÍCULO 225.1.- Se sanciona con privación de libertad de uno a tres años o multa de trescientas a mil cuotas o ambas al que, prevaliéndose de las atribuciones que le están conferidas por razón del cargo que desempeñe en una entidad económica de producción o de servicios:

a) utilice o permita que otro utilice, en interés particular, los servicios de trabajadores bajo su autoridad;

b) use o permita que otro use, en interés particular, materiales, implementos o útiles pertenecientes a la entidad, empresa o unidad, sin estar legalmente autorizado;

c) obsequie, sin la debida autorización, productos, materiales u otros bienes de la entidad, empresa o unidad u ofrezca gratuitamente los servicios que ellas presten.

2. Cuando los hechos previstos en este artículo se cometan en perjuicio de una persona jurídica privada, sólo se procederá si media denuncia del perjudicado o del representante legal de la entidad.

CAPÍTULO VII. DIFUSION ILEGAL Y USO NO AUTORIZADO DE INVENTO

ARTÍCULO 226.- Incurre en sanción de privación de libertad de seis meses a dos años o multa de doscientas a quinientas cuotas o ambas:

a) el inventor que, sin la autorización del órgano o funcionario competente, registre, facilite la divulgación o autorice a otro a usar en el extranjero un invento realizado por él en Cuba;

b) cualquier otra persona que registre, divulgue o use en el extranjero, sin la debida autorización, un invento realizado en Cuba, independientemente de la razón por la que tenga conocimiento del mismo.

CAPÍTULO VIII. INFRACCION DE LAS NORMAS DE PROTECCIÓN DE LOS CONSUMIDORES

ARTÍCULO 227.- Se sanciona con privación de libertad de seis meses a dos años o multa de trescientas a mil cuotas al que:

a) venda o ponga a la venta al público artículos incompletos en su composición o peso o deteriorados o en mal estado de conservación;

b) omita adoptar las medidas necesarias para evitar la sustracción, el extravío, el deterioro o la destrucción de los bienes, o parte de ellos, que le entreguen los usuarios del servicio a los efectos de su prestación;

c) cobre mercancías o servicios por encima del precio o tarifa aprobados por la autoridad u organismo competente, o del precio pactado por las partes;

ch) oculte mercancías al público o niegue injustificadamente los servicios que se prestan en la entidad;

d) venda, ponga a la venta, tenga en su poder con el propósito de traficar, elabore, disponga para la exportación, exporte o importe un producto industrial o agrícola con indicación de calidad o designación de marca que no corresponda al producto;

e) utilice ilegalmente, marca, modelo industrial o patente, en algún producto.

CAPÍTULO IX. ACTIVIDADES ECONÓMICAS ILICITAS

ARTÍCULO 228.1.- El que, con ánimo de lucro, realice cualquiera de las actividades de producción, transformación o venta de mercancías o prestación de servicios de las autorizadas legal o reglamentariamente sin poseer la licencia correspondiente; o realice alguna actividad de esa naturaleza no autorizada en forma expresa por disposición legal o reglamentaria, incurre en sanción de privación de libertad de tres meses a un año o multa de cien a trescientas cuotas o ambas.

2. Si para la realización de los hechos a que se refiere el apartado anterior se contratara mano de obra o se utilizaran medios o materiales de procedencia ilícita, la sanción es de privación de libertad de uno a tres años o multa de trescientas a mil cuotas o ambas.

3. El que no obstante poseer la licencia correspondiente contrate mano de obra o utilice medios o materiales de procedencia ilícita, o incumpliera lo establecido en los reglamentos a fin de obtener mayores ganancias, incurrirá en sanción de privación de libertad de seis meses a dos años o multa de doscientas a quinientas cuotas o ambas.

4. No se considerarán delitos los hechos previstos en los apartados anteriores cuando se trate de actividad de reducida significación económica, excepto en los casos señalados en los apartados 1 y 2, cuando en su realización se utilicen medios o materiales de procedencia ilícita.

5. A los declarados responsables por los delitos previstos en los apartados anteriores puede imponérseles, además, la sanción accesoria de confiscación de bienes.

ARTÍCULO 229.- El particular que preste dinero con interés, incurre en sanción de privación de libertad de seis meses a dos años o multa de doscientas a quinientas cuotas o ambas.

CAPÍTULO X. ESPECULACION Y ACAPARAMIENTO

ARTÍCULO 230.- Se sanciona con privación de libertad de tres meses a un año o multa de cien a trescientas cuotas o ambas al particular que:

a) adquiera mercancías u otros objetos con el propósito de revenderlos para obtener lucro o ganancia;

b) retenga en su poder o transporte mercancías o productos en cantidades evidente e injustificadamente superiores a las requeridas para sus necesidades normales.

CAPÍTULO XI. OCUPACION Y DISPOSICION ILICITAS DE EDIFICIOS O LOCALES

ARTÍCULO 231.1.- El que, en forma ilegal, ceda o reciba de otro, total o parcialmente, un local para vivienda, incurre en sanción de privación de libertad de tres meses a un año o multa de cien a trescientas cuotas o ambas.

2. Si la cesión prevista en el apartado anterior se realiza mediante precio u otra ventaja, la sanción es de privación de libertad de seis meses a dos años o multa de doscientas a quinientas cuotas.

ARTÍCULO 232.1.- El que, abusando de su cargo, asigne arbitrariamente una vivienda o local para destinarlo a ese fin, a persona a la que no le corresponde, incurre en sanción de privación de libertad de uno a tres años o multa de trescientas a mil cuotas.

2. Si lo hace por precio, dádiva u otra ventaja, la sanción es de privación de libertad de dos a cinco años.

CAPÍTULO XII. CONTRABANDO

ARTÍCULO 233.- Se sanciona con privación de libertad de uno a tres años o multa de trescientas a mil cuotas o ambas al que:

a) introduzca o intente introducir en el país objetos o mercancías sin cumplir las disposiciones legales;

b) extraiga o intente extraer del país objetos o mercancías sin cumplir las disposiciones legales.

ARTÍCULO 234.- El que habitualmente se dedique a la adquisición, ocultación o cambio de objetos o mercancías que por su naturaleza o por las circunstancias de la transacción, evidencien o hagan suponer racionalmente que han sido introducidos en el país con infracción de las disposiciones legales, o intervenga en cualquier forma en su enajenación o venta, incurre en sanción de privación de libertad de seis meses a dos años o multa de doscientas a quinientas cuotas o ambas.

CAPÍTULO XIII. TRAFICO ILEGAL DE MONEDA NACIONAL, DIVISAS, METALES Y PIEDRAS PRECIOSAS

ARTÍCULO 235.1.- Se sanciona con privación de libertad de dos a cinco años o multa de trescientas a mil cuotas o ambas al que:

a) exporte o importe moneda o valores públicos nacionales con infracción de las disposiciones legales;

b) exporte moneda extranjera o valores denominados en moneda extranjera, con infracción de las disposiciones legales;

c) exporte oro, plata, platino u otros metales preciosos en lingotes, metales crudos o manufacturados o en cualquier otra forma, o piedras preciosas, infringiendo las disposiciones legales;

ch) obtenga fondos pagaderos en el extranjero alegando causas falsas o utilizando cualquier otro medio fraudulento, o los obtenga en exceso de las necesidades reales, o los aplique a fines distintos a los invocados;

d) venda o por cualquier medio ceda, o trasmita o adquiera moneda, cheque, giro, cheque de viajero o cualquier otro efecto de crédito análogo denominado en moneda extranjera infringiendo las disposiciones legales;

e) haga pagos a cuenta de otra persona contra reembolso en el extranjero o realice cualquier otro servicio con análogo fin;

f) haga operaciones de cambio en mercados negros de monedas nacionales o extranjeras o por canales distintos a los legalmente establecidos.

2. Incurre en sanción de privación de libertad de tres meses a un año o multa de cien a trescientas cuotas o ambas el que:

a) (Derogado).

b) realice en el extranjero, por sí o por persona intermedia, operaciones financieras sin previa autorización del órgano estatal competente;

c) (Derogado).

ARTÍCULO 236.- El que, con propósitos ilícitos, mantenga en su poder alhajas, metales y piedras preciosas, incurre en sanción de privación de libertad de seis meses a dos años o multa de doscientas a quinientas cuotas o ambas.

CAPÍTULO XIV. INFRACCION DE LAS NORMAS PARA PREVENIR Y COMBATIR ENFERMEDADES Y PLAGAS DE ANIMALES Y PLANTAS

ARTÍCULO 237.1.- El que infrinja las disposiciones emanadas de autoridad competente para prevenir, combatir o destruir las enfermedades y plagas de animales y vegetales, es Sancionado con privación de libertad de tres meses a un año o multa de cien a trescientas cuotas o ambas.

2. Si la infracción a que se refiere el apartado anterior se produce en momentos en que existe enfermedad o plaga animal o vegetal, la sanción es de privación de libertad de uno a tres años o multa de trescientas a mil cuotas.

3. Si, como consecuencia de los hechos a que se refieren los apartados anteriores, se produce o propaga la enfermedad o plaga, la sanción es de privación de libertad de dos a cinco años.

CAPÍTULO XV. CONTAMINACION DE LAS AGUAS

ARTÍCULO 238.1.- Se sanciona con privación de libertad de tres meses a un año o multa de cien a trescientas cuotas o ambas al que:

a) arroje objetos o sustancias nocivas en ríos, arroyos, pozos, lagunas, canales, o en lugares destinados a abrevar el ganado o las aves, poniendo en peligro su salud o su vida;

b) arroje objetos o sustancias nocivas, en aguas pesqueras o en criaderos de especies acuáticas.

2. Si, como consecuencia de los hechos a que se refiere el apartado anterior, se causa la muerte o el daño en la salud de las especies referidas, la sanción es de privación de libertad de seis meses a dos años.

ARTÍCULO 239.- El que vierta, derrame o descargue sustancias perjudiciales para la economía nacional o residuos que contengan tales sustancias, en las aguas territoriales o en la Zona Económica Marítima de la República, incurre en sanción de multa de mil a diez mil cuotas.

CAPÍTULO XVI. SACRIFICIO ILEGAL DE GANADO MAYOR Y VENTA DE SUS CARNES

ARTÍCULO 240.1.- El que, sin autorización previa del órgano estatal específicamente facultado para ello, sacrifique ganado mayor, es sancionado con privación de libertad de cuatro a diez años.

2. El que venda, transporte o en cualquier forma comercie con carne de ganado mayor sacrificado ilegalmente, es Sancionado con privación de libertad de tres a ocho años.

3. El que, a sabiendas, adquiera carne de ganado mayor sacrificado ilegalmente, incurre en sanción de privación de libertad de tres meses a un año o multa de cien a trescientas cuotas o ambas.

4. El que, a sabiendas, adquiera carne de ganado mayor sacrificado ilegalmente para suministrarla a centros de elaboración, producción, comercio o venta de alimentos, incurre en sanción de privación de libertad de dos a cinco años.

5. El que, sin ponerlo previamente en conocimiento de la autoridad competente para su debida comprobación, sacrifique ganado mayor que haya sufrido un accidente lo cual haga imprescindible su sacrificio, incurre en sanción de multa de cien a trescientas cuotas.

6. En los casos de comisión de los delitos previstos en este artículo el tribunal impondrá como sanción accesoria, la confiscación de bienes.

CAPÍTULO XVII. ACTIVIDADES ILICITAS CON RESPECTO A LOS RECURSOS NATURALES DE LAS AGUAS TERRITORIALES Y LA ZONA ECONOMICA DE LA REPUBLICA

SECCIÓN PRIMERA. EXPLOTACIÓN ILEGAL DE LA ZONA ECONÓMICA DE LA REPÚBLICA

ARTÍCULO 241.1.- El que, sin la debida autorización, realice cualquier acto con el fin de explotar los recursos naturales, tanto vivos como no vivos, del lecho y subsuelo marinos y los existentes en las aguas suprayacentes inmediatas a las costas fuera del mar territorial y zona contigua, en la extensión que fija la ley, incurre en sanción de multa de mil a diez mil cuotas.

2. En el caso a que se refiere el apartado anterior podrá imponerse como sanción accesoria, además de la que corresponda, el comiso de los equipos y de los recursos naturales extraídos del lecho y subsuelo marinos.

SECCIÓN SEGUNDA. PESCA ILÍCITA

ARTÍCULO 242.1.- El extranjero que, sin la debida autorización, con cualquier clase de embarcación, penetre en las aguas territoriales o en la Zona Económica de la República, adyacente a su mar territorial, con el fin de practicar la pesca, incurre en sanción de multa de mil a diez mil cuotas.

2. En el caso a que se refiere el apartado anterior puede imponerse como sanción accesoria, además de la que corresponda, el comiso de los avíos de pesca y de las especies capturadas.

TÍTULO VI. DELITOS CONTRA EL PATRIMONIO CULTURAL

CAPÍTULO I. DAÑOS A BIENES DEL PATRIMONIO CULTURAL

ARTÍCULO 243.- El que intencionalmente destruya, deteriore o inutilice un bien declarado parte integrante del patrimonio cultural o un monumento nacional o local, incurre en sanción de privación de libertad de dos a cinco años o multa de trescientas a mil cuotas.

CAPÍTULO II. EXTRACCION ILEGAL DEL PAIS DE BIENES DEL PATRIMONIO CULTURAL

ARTÍCULO 244.1.- El que extraiga o intente extraer del país bienes integrantes del patrimonio cultural, sin cumplir las formalidades legales, incurre en sanción de privación de libertad de dos a cinco años o multa de trescientas a mil cuotas.

2. Si los bienes sustraídos son de considerable valor para el patrimonio cultural del país la sanción es de privación de libertad de tres a ocho años.

CAPÍTULO III. TRASMISION, TENENCIA ILEGAL DE BIENES DEL PATRIMONIO CULTURAL Y FALSIFICACION DE OBRAS DE ARTE

ARTÍCULO 245.1.- El que, sin cumplir las formalidades legales, realice cualquier acto traslativo del dominio o posesión de un bien integrante del patrimonio cultural, incurre en sanción de privación de libertad de uno a tres años o multa de trescientas a mil cuotas, o ambas.

2. En igual sanción incurre el que, sin cumplir las formalidades legales, adquiera o tenga en su poder por cualquier concepto un bien del patrimonio cultural o que proceda de un inmueble declarado monumento nacional o local.

ARTÍCULO 246.1.- Se sanciona con privación de libertad de uno a tres años o multa de trescientas a mil cuotas o ambas el que, en perjuicio de su creador o del patrimonio cultural, falsifique una obra de arte o la trafique.

2. Si como consecuencia de los hechos previstos en el apartado anterior se causa un grave perjuicio, la sanción es de privación de libertad de dos a cinco años.

CAPÍTULO IV. EXPLORACION ARQUEOLOGICA ILEGAL

ARTÍCULO 247.- El que, sin autorización del organismo estatal competente, realice trabajos materiales de exploración arqueológica mediante excavaciones, remoción de tierras u otros medios, incurre en sanción de privación de libertad de tres meses a un año o multa de cien a trescientas cuotas.

TÍTULO VII. DELITOS CONTRA LA FE PÚBLICA

CAPÍTULO I. FALSIFICACION DE MONEDA

ARTÍCULO 248.1.- Se sanciona con privación de libertad de cuatro a diez años al que:

a) fabrique moneda imitando la legítima de curso legal en la República;

b) altere moneda legítima de curso legal en la República para darle apariencia de un valor superior al que en realidad tiene;

c) introduzca en la República una u otra clase de monedas falsificadas o las expenda o ponga en circulación;

ch) tenga en su poder monedas falsas que, por su número o por cualesquiera otras circunstancias, están destinadas a la expendición o circulación.

2. Igual sanción se impone si el objeto del delito lo constituyen Títulos de crédito al portador emitidos por el Estado o sus organismos, así como las monedas y Títulos extranjeros.

3. Los actos preparatorios del delito previsto en este artículo se sancionan conforme a lo dispuesto en el artículo 12.5.

CAPÍTULO II. FALSIFICACION DE SELLOS Y EFECTOS TIMBRADOS

ARTÍCULO 249.1.- Se sanciona con privación de libertad de uno a tres años o multa de trescientas a mil cuotas al que:

a) falsifique sellos o cuños, marcas o contraseñas que se usen en las entidades estatales para identificar cualquier objeto o documento o como constancia de haberse realizado cualquier acto, o los introduzca en la República;

b) falsifique sellos de correo o cualquier clase de efectos timbrados del Estado, o introduzca en la República sellos falsificados o los expenda o ponga en circulación;

c) haga desaparecer, por cualquier medio, de sellos de correo y efectos timbrados del Estado, las señales de su inutilización legal;

ch) use, o adquiera para usar, cualquiera de los sellos o efectos falsos mencionados en este artículo o aquéllos en que se haya hecho desaparecer las señales de su inutilización legal.

2. Los actos preparatorios del delito previsto en este artículo se sancionan conforme a lo dispuesto en el artículo 12.5.

CAPÍTULO III. FALSIFICACION DE DOCUMENTOS

SECCIÓN PRIMERA. FALSIFICACIÓN DE DOCUMENTOS PÚBLICOS

ARTÍCULO 250.1.- Se sanciona con privación de libertad de tres a ocho años al que:

a) confeccione, en todo o en parte, un documento público falso o altere uno legítimo;

b) contribuya a consignar en un documento público, datos, declaraciones o hechos inexactos relativos al acto de que el documento es objeto;

c) intercale cualquier documento en protocolo, registro o libro oficial sin cumplir las formalidades legales;

ch) en perjuicio del interés nacional o de una persona, suprima, oculte o destruya un documento de la clase expresada.

2. El que, con conocimiento de su falsedad, haga uso de un documento público falsificado por otro, o se aproveche de él en cualquier forma, o lo tenga en su poder para usarlo, es Sancionado con privación de libertad de dos a cinco años.

3. Si el delito lo comete un funcionario público, con abuso de sus funciones, incurre en sanción de privación de libertad de cinco a doce años.

4. Iguales sanciones se imponen, si el objeto del delito lo constituyen documentos extranjeros de la naturaleza de los mencionados en este artículo.

5. Los actos preparatorios del delito previsto en este artículo se sancionan conforme a lo dispuesto en el artículo 12.5.

SECCIÓN SEGUNDA. FALSIFICACIÓN DE DOCUMENTOS BANCARIOS Y DE COMERCIO

ARTÍCULO 251.1.- El que cometa falsedad de alguno de los modos que determina el apartado 1 del artículo 250, en cheques, mandatos de pago o cualesquiera otros documentos bancarios o de comercio, incurre en sanción de privación de libertad de tres a ocho años.

2. El que, con conocimiento de su falsedad, haga uso de un documento de la clase expresada en el apartado anterior, o se aproveche de él en cualquier forma, o lo tenga en su poder para usarlo, es Sancionado con privación de libertad de dos a cinco años.

3. Si el delito lo comete un funcionario público, con abuso de sus funciones, incurre en sanción de privación de libertad de cinco a doce años.

4. Los actos preparatorios del delito previsto en este artículo se sancionan conforme a lo dispuesto en el artículo 12.5.

SECCIÓN TERCERA. FALSIFICACIÓN DEL CARNÉ DE IDENTIDAD, LA TARJETA DEL MENOR Y EL DOCUMENTO DE IDENTIFICACIÓN PROVISIONAL

ARTÍCULO 252.1.- El que cometa falsedad de alguno de los modos que determina el apartado 1 del artículo 250, en el Carné de Identidad o la Tarjeta del Menor o el Documento de Identificación Provisional, incurre en sanción de privación de libertad de uno a tres años o multa de trescientas a mil cuotas.

2. El que con conocimiento de su falsedad, haga uso de un documento de la clase expresada en el apartado anterior, o se aproveche de él en cualquier forma, o lo tenga en su poder para usarlo, es Sancionado con privación de libertad de seis meses a dos años o multa de doscientas a quinientas cuotas.

3. Si el delito lo comete un funcionario público, con abuso de sus funciones, incurre en sanción de privación de libertad de dos a cinco años.

4. Los actos preparatorios del delito previsto en este artículo se sancionan conforme a lo dispuesto en el artículo 12.5.

SECCIÓN CUARTA. FALSIFICACIÓN DE DESPACHOS DE LOS SERVICIOS POSTALES Y TELEGRÁFICOS O DE LOS TRASMITIDOS POR LAS REDES DE COMUNICACIONES

ARTÍCULO 253.1.- El que falsifique un despacho de los servicios postales y telegráficos o de los trasmitidos por las redes de comunicaciones, incurre en sanción de privación de libertad de uno a tres años o multa de trescientas a mil cuotas o ambas.

2. El que, con conocimiento de su falsedad, haga uso de un documento de la clase expresada en el apartado anterior, o se aproveche de él en cualquier forma, o lo tenga en su poder para usarlo, es Sancionado con privación de libertad de tres meses a un año o multa de cien a trescientas cuotas o ambas.

3. Si el delito lo comete un funcionario o empleado público, con abuso de sus funciones, incurre en sanción de privación de libertad de dos a cinco años.

SECCIÓN QUINTA. FALSIFICACIÓN DE CERTIFICADOS FACULTATIVOS

ARTÍCULO 254.1.- El facultativo que expida certificado falso de enfermedad o lesión con el fin de que alguien, indebidamente, obtenga un derecho o el disfrute de un beneficio o se le exima del deber de prestar algún servicio público, incurre en sanción de privación de libertad de tres meses a un año o multa de cien a trescientas cuotas o ambas.

2. Si el delito se comete por precio o recompensa material de cualquier clase, la sanción es de privación de libertad de uno a tres años o multa de trescientas a mil cuotas.

3. En iguales sanciones incurre, según el caso, el particular que confeccione o altere en cualquier forma un certificado de los que se señalan en los apartados anteriores y el que haga uso del mismo.

SECCIÓN SEXTA. FALSIFICACIÓN DE DOCUMENTOS DE IDENTIFICACIÓN

ARTÍCULO 255.- Se sanciona con privación de libertad de tres meses a un año o multa de cien a trescientas cuotas o ambas al que:

a) confeccione documento de identidad falso, correspondiente a un centro de trabajo o estudio u organización política, de masas o social, o altere uno legítimo;

b) con conocimiento de su falsedad, use un documento de los mencionados, falsificado por otro, o lo tenga en su poder;

c) tenga en su poder un documento de identidad legítimo, perteneciente a otro, y no dé de ello descargo suficiente;

ch) facilite a otro, con el fin de que se identifique indebidamente, documento de identidad legítimo, propio o ajeno;

d) presente a una autoridad o funcionario público un documento de identidad legítimo fingiendo ser la persona a que el mismo se refiere;

e) identifique falsamente a otro ante autoridad o funcionario público.

SECCIÓN SEPTIMA. FALSIFICACIÓN DE PRUEBAS DE EVALUACIÓN DOCENTE

ARTÍCULO 256.- El funcionario o empleado que intencionalmente consigne o contribuya a consignar en certificación, registro de notas, exámenes, pruebas u otros documentos de evaluación docente, datos o hechos inexactos relativos al acto de que el documento es objeto altere lo que se exponga en el mismo o entregue o realice cualquier trámite en relación con el documento falso, incurre en sanción de privación de libertad de seis meses a dos años o multa de doscientas a quinientas cuotas.

SECCIÓN OCTAVA. FALSIFICACIÓN DE DOCUMENTO PRIVADO

ARTÍCULO 257.- Se sanciona con privación de libertad de tres meses a un año o multa de cien a trescientas cuotas al que:

a) habiendo formado en todo o en parte un documento privado falso o alterado uno verdadero, en perjuicio de tercero, con ánimo de causárselo o con intención de lucro, haga uso de él por sí o por tercera persona;

b) sin tomar parte en la falsificación, haga uso del documento falso, a sabiendas, con intención de lucro o en perjuicio de tercero.

SECCIÓN NOVENA. FALSIFICACIÓN DE DOCUMENTOS USADOS OFICIALMENTE PARA LA DISTRIBUCIÓN A LA POBLACIÓN DE LOS ARTÍCULOS DE USO Y CONSUMO SUJETOS A REGULACIÓN

ARTÍCULO 258.1.- El funcionario o empleado que confeccione, en todo o en parte, un documento falso de los que se usan oficialmente para la distribución a la población de los artículos de uso o consumo sujetos a regulación, o altere uno legítimo, es Sancionado con privación de libertad de uno a tres años o multa de trescientas a mil cuotas o ambas.

2. Se sanciona con privación de libertad de tres meses a un año o multa de cien a trescientas cuotas o ambas, al funcionario o empleado que:

a) suplante, haga desaparecer o altere en cualquier forma los datos o anotaciones consignados en los documentos a que se refiere el apartado anterior;

b) consigne, a sabiendas, en un documento de los mencionados en este artículo, declaraciones o hechos inexactos relativos al acto de que el documento es objeto.

3. El particular que cometa alguno de los delitos que se señalan en los apartados anteriores, incurre en sanción de privación de libertad de tres meses a un año o multa de cien a trescientas cuotas o ambas.

4. Se sanciona con privación de libertad de tres meses a un año o multa de cien a trescientas cuotas o ambas, al que:

a) sin participar en la falsificación de alguno de los documentos mencionados en el apartado 1, haga uso del documento falso, a sabiendas de su falsedad;

b) haga uso de alguno de los documentos legítimos reguladores de la distribución, en perjuicio de la persona a quien pertenece.

SECCIÓN DECIMA. FABRICACIÓN, INTRODUCCIÓN O TENENCIA DE INSTRUMENTOS DESTINADOS A FALSIFICAR

ARTÍCULO 259.1.- El que fabrique o introduzca en el país cuños, prensas, marcas u otra clase de útiles o instrumentos destinados conocidamente a la falsificación de que se trata en las Secciones anteriores, es Sancionado con privación de libertad de dos a cinco años.

2. El que tenga en su poder cualquiera de los útiles o instrumentos que se señalan en el artículo anterior, y no dé descargo suficiente sobre su adquisición, tenencia o conservación, es sancionado con privación de libertad de tres meses a un año o multa de cien a trescientas cuotas o ambas.

SECCIÓN DECIMOPRIMERA. DISPOSICIÓN COMPLEMENTARIA

ARTÍCULO 260.- Está exento de responsabilidad penal el que cometa alguno de los delitos previstos en este Capítulo, para formar un medio de prueba de hechos verdaderos.

TÍTULO VIII. DELITOS CONTRA LA VIDA Y LA INTEGRIDAD CORPORAL

CAPÍTULO I. HOMICIDIO

ARTÍCULO 261.- El que mate a otro, incurre en sanción de privación de libertad de siete a quince años.

CAPÍTULO II. RIÑA TUMULTUARIA

ARTÍCULO 262.1.- Cuando en una riña, en la que varios se acometen confusa y tumultuariamente, y en la que resulte la muerte de alguien y no conste su autor, se sanciona con privación de libertad de dos a cinco años a todos los que hayan ejercido violencia sobre la víctima.

2. Si de la riña tumultuaria descrita en el apartado anterior resultan lesiones graves, la sanción es de privación de libertad de seis meses a dos años.

3. Si en la comisión de los hechos a que se refieren los apartados anteriores no puede determinarse la identidad de los que hayan ejercido violencia sobre la víctima, la sanción es:

a) de privación de libertad de seis meses a dos años en el caso del apartado 1;

b) de privación de libertad de tres meses a un año o multa de cien a trescientas cuotas en el caso del apartado 2.

4. Para adecuar la sanción el tribunal tiene en cuenta el grado de la participación probada que cada uno de los que tomaron parte en la riña haya tenido en la comisión del delito.

CAPÍTULO III. ASESINATO

ARTÍCULO 263.- Se sanciona con privación de libertad de quince a treinta años o muerte al que mate a otro concurriendo cualquiera de las circunstancias siguientes:

a) ejecutar el hecho mediante precio, recompensa o beneficio de cualquier clase, u ofrecimiento o promesa de éstos;

b) cometer el hecho utilizando medios, modos o formas que tiendan directa y especialmente a asegurar su ejecución sin riesgo para la persona del ofensor que proceda de la defensa que pudiera hacer el ofendido;

c) ejecutar el hecho contra una persona que notoriamente, por sus condiciones personales o por las circunstancias en que se encuentra, no sea capaz de defenderse adecuadamente;

ch) aumentar deliberadamente el sufrimiento de la víctima, causándole otros males innecesarios para la ejecución del delito;

d) obrar el culpable con premeditación, o sea, cuando sus actos externos demuestran que la idea del delito surgió en su mente con anterioridad suficiente para considerarlo con serenidad y que, por el tiempo que medió entre el propósito y su realización, ésta se preparó previendo las dificultades que podían surgir y persistiendo en la ejecución del hecho;

e) ejecutar el hecho a sabiendas de que al mismo tiempo se pone en peligro la vida de otra u otras personas;

f) realizar el hecho para preparar, facilitar, consumar u ocultar otro delito;

g) obrar por impulsos sádicos o de brutal perversidad;

h) haberse privado ilegalmente de libertad a la víctima antes de darle muerte;

i) ejecutar el hecho contra la autoridad o sus agentes, cuando éstos se hallen en el ejercicio de sus funciones;

j) cometer el hecho con motivo u ocasión o como consecuencia de estar ejecutando un delito de robo con fuerza en las cosas, robo con violencia o intimidación en las personas, violación o pederastia con violencia.

ARTÍCULO 264.1.- El que de propósito mate a un ascendiente o descendiente o a su cónyuge, sea por matrimonio formalizado o no, incurre en las mismas sanciones previstas en el artículo anterior, aunque no concurra en el hecho ninguna circunstancia de cualificación.

2. La madre que dentro de las setenta y dos horas posteriores al parto mate al hijo, para ocultar el hecho de haberlo concebido, incurre en sanción de privación de libertad de dos a diez años.

CAPÍTULO IV. DISPARO DE ARMA DE FUEGO CONTRA DETERMINADA PERSONA

ARTÍCULO 265.- El disparo de arma de fuego contra determinada persona, aunque no se hiera a la víctima, se sanciona con privación de libertad de uno a tres años, siempre que el hecho no constituya un delito de mayor entidad.

CAPÍTULO V. AUXILIO AL SUICIDIO

ARTÍCULO 266.- El que preste auxilio o induzca a otro al suicidio, incurre en sanción de privación de libertad de dos a cinco años.

CAPÍTULO VI. ABORTO ILICITO

ARTÍCULO 267.1.- El que, fuera de las regulaciones de salud establecidas para el aborto, con autorización de la grávida, cause el aborto de ésta o destruya de cualquier manera el embrión, es Sancionado con privación de libertad de tres meses a un año o multa de cien a trescientas cuotas.

2. La sanción es de privación de libertad de dos a cinco años si el hecho previsto en el apartado anterior:

a) se comete por lucro;

b) se realiza fuera de las instituciones oficiales;

c) se realiza por persona que no es médico.

ARTÍCULO 268.1.- El que, de propósito, cause el aborto o destruya de cualquier manera el embrión, es sancionado:

a) con privación de libertad de dos a cinco años, cuando, sin ejercer fuerza ni violencia en la persona de la grávida, obra sin su consentimiento;

b) con privación de libertad de tres a ocho años, si ejerce fuerza o violencia en la persona de la grávida.

2. Si en el hecho concurre alguna de las circunstancias previstas en el apartado 2 del artículo anterior, la sanción es de privación de libertad de cuatro a diez años.

ARTÍCULO 269.- Si, como consecuencia de los hechos previstos en los dos artículos anteriores, resulta la muerte de la grávida, la sanción es de privación de libertad de cinco a doce años.

ARTÍCULO 270.- El que, por haber ejercido actos de fuerza, violencia o lesiones sobre la grávida, ocasione el aborto o la destrucción del embrión, sin propósito de causarlo, pero constándole el estado de embarazo de la mujer, incurre en sanción de privación de libertad de uno a tres años, si no le corresponde una sanción de mayor entidad por las lesiones inferidas.

ARTÍCULO 271.- El que, sin la debida prescripción facultativa, expenda o facilite una sustancia abortiva o idónea para destruir el embrión, incurre en sanción de privación de libertad de tres meses a un año o multa de cien a trescientas cuotas.

CAPÍTULO VII. LESIONES

ARTÍCULO 272.1.- El que cause lesiones corporales graves o dañe gravemente la salud a otro, incurre en sanción de privación de libertad de dos a cinco años.

2. Se considera lesiones graves las que ponen en peligro inminente la vida de la víctima, o dejan deformidad, incapacidad o cualquier otra secuela anatómica, fisiológica o síquica.

3. Para adecuar la sanción, el tribunal tiene en cuenta, especialmente, el grado en que la intención del culpable coincide con la naturaleza y entidad de las lesiones causadas.

ARTÍCULO 273.- El que ciegue, castre o inutilice para la procreación a otro, incurre en sanción de privación de libertad de cinco a doce años.

ARTÍCULO 274.- El que cause lesiones corporales o dañe la salud a otro que, aun cuando no ponen en peligro la vida de la víctima, ni le dejan las secuelas señaladas en los artículos 272 y 273, requieren para su curación tratamiento médico, incurre en sanción de privación de libertad de tres meses a un año o multa de cien a trescientas cuotas o ambas.

CAPÍTULO VIII. ABANDONO DE MENORES, INCAPACITADOS Y DESVALIDOS

ARTICULO 275.1.- El que abandone a un incapacitado o a una persona desvalida a causa de su enfermedad, de su edad o por cualquier otro motivo, siempre que esté legalmente obligado a mantenerlo o alimentarlo, incurre en sanción de privación de libertad de tres meses a un año o multa de cien a trescientas cuotas o ambas.

2. Si, como consecuencia del abandono, se pone en peligro la vida de la víctima o se le causa lesión o enfermedad grave, la sanción es de privación de libertad de dos a cinco años.

3. Si, como consecuencia del abandono, se causa la muerte del abandonado, la sanción es de privación de libertad de cinco a doce años.

4. Al padre o madre que cometa el delito previsto en este artículo, por el abandono de hijos sujetos a su patria potestad, puede imponérsele como sanción accesoria la pérdida o suspensión de la patria potestad.

ARTÍCULO 276.- El que encuentre abandonada, en grave peligro, a una persona que, por su edad o incapacidad, no puede valerse por sí misma, y no la presente a la autoridad o la lleve a lugar seguro, incurre en sanción de privación de libertad de tres meses a un año o multa de cien a trescientas cuotas o ambas.

ARTÍCULO 277.1.- El que no socorra o preste el auxilio debido a una persona herida o expuesta a un peligro que amenace su vida, su integridad corporal o su salud, sin que ello implique un riesgo para su persona, es sancionado con privación de libertad de tres meses a un año o multa de cien a trescientas cuotas o ambas.

2. Si el hecho se comete por quien tiene el deber de socorrer o auxiliar a la víctima, por razón de su cargo o profesión, la sanción es de privación de libertad de seis meses a dos años o multa de doscientas a quinientas cuotas.

ARTÍCULO 278.- El conductor de un vehículo que no socorra o preste auxilio a la persona que haya atropellado o herido en accidente del tránsito, incurre en sanción de privación de libertad de tres meses a un año, independientemente de la que corresponda por el delito cometido en ocasión del tránsito.

TÍTULO IX. DELITOS CONTRA LOS DERECHOS INDIVIDUALES

CAPÍTULO I. DELITOS CONTRA LA LIBERTAD PERSONAL

SECCIÓN PRIMERA. PRIVACIÓN DE LIBERTAD

ARTÍCULO 279.1.- El que, sin tener facultades para ello y fuera de los casos y de las condiciones previstas en la ley, priva a otro de su libertad personal, incurre en sanción de privación de libertad de dos a cinco años.

2. La sanción es de privación de libertad de cuatro a diez años:

a) si el hecho se realiza con propósito de lucro o de venganza;

b) si del hecho resulta grave daño para la salud, la dignidad o el patrimonio de la víctima;

c) si el hecho se ejecuta contra un funcionario público en el ejercicio de sus funciones;

ch) si la persona detenida o privada de libertad es menor de 16 años.

3. La sanción es de privación de libertad de cinco a doce años, si, como consecuencia del hecho, resulta la muerte de la víctima, siempre que este resultado haya podido o debido preverse por el agente.

4. Si el culpable pone en libertad espontáneamente al detenido o privado de libertad dentro de los tres primeros días de perpetrado el hecho, sin haberle causado ningún daño ni logrado el fin que se propuso, la sanción es:

a) de privación de libertad de seis meses a dos años o multa de doscientas a quinientas cuotas, en el caso del apartado 1;

b) de privación de libertad de dos a cinco años en los casos del apartado 2.

ARTÍCULO 280.1.- La autoridad o su agente que, dentro del plazo legal, no ponga en libertad o a disposición de la autoridad competente a un detenido, incurre en sanción de privación de libertad de seis meses a dos años o multa de doscientas a quinientas cuotas.

2. En igual sanción incurre el funcionario público que, teniendo competencia, no deje sin efecto una detención, que no ha elevado a prisión provisional, dentro del plazo legal.

ARTÍCULO 281.- La autoridad o su agente que, por negligencia inexcusable, no ponga al detenido en libertad o a disposición de la autoridad competente, dentro del plazo legal, incurre en sanción de privación de libertad de tres meses a un año o multa de cien a trescientas cuotas o ambas.

ARTÍCULO 282.- La autoridad o su agente que prolongue indebidamente el cumplimiento de una resolución en la que se disponga la libertad de un detenido, preso o Sancionado, incurre en sanción de privación de libertad de tres meses a un año o multa de cien a trescientas cuotas o ambas.

ARTÍCULO 283.- Se sanciona con privación de libertad de tres meses a un año o multa de cien a trescientas cuotas, al director del establecimiento penitenciario que:

a) reciba en calidad de preso o sancionado a una persona, a no ser por orden dictada por autoridad o tribunal competente;

b) no conduzca ante la autoridad o tribunal un detenido o preso, cuando haya sido reclamado en virtud de una resolución dictada en un proceso de hábeas corpus o cualquier otra análoga.

SECCIÓN SEGUNDA. AMENAZAS

ARTÍCULO 284.1.- El que amenace a otro con cometer un delito en su perjuicio o de un familiar suyo, que por las condiciones y circunstancias en que se profiere sea capaz de infundir serio y fundado temor a la víctima, incurre en sanción de privación de libertad de tres meses a un año o multa de cien a trescientas cuotas.

2. Si para la amenaza se emplea un arma de fuego o de otra clase, la sanción es de privación de libertad de seis meses a dos años o multa de doscientas a quinientas cuotas.

ARTÍCULO 285.1.- El que, fuera del caso previsto en el artículo 332, amenace a otro con divulgar un hecho lesivo para su honor o su prestigio público, o el de su cónyuge, ascendiente, descendiente, hermano o cualquier otro familiar allegado, para imponerle una determinada conducta, incurre en sanción de privación de libertad de dos a cinco años.

2. La sanción es de privación de libertad de tres a ocho años si el delito se ejecuta por uno o más individuos actuando como miembros de un grupo organizado o del hecho resulta un grave perjuicio.

SECCIÓN TERCERA. COACCIÓN

ARTÍCULO 286.1.- El que, sin razón legítima, ejerza violencia sobre otro o lo amenace para compelerlo a que en el instante haga lo que no quiera, sea justo o injusto, o a que tolere que otra persona lo haga, o para impedirle hacer lo que la ley no prohíbe, es sancionado con privación de libertad de seis meses a dos años, o multa de doscientas a quinientas cuotas.

2. El que, por otros medios, impida a otro hacer lo que la ley no prohíbe o a ejercer sus derechos, es Sancionado con privación de libertad de tres meses a un año o multa de cien a trescientas cuotas.

CAPÍTULO II. VIOLACION DE DOMICILIO Y REGISTRO ILEGAL

SECCIÓN PRIMERA. VIOLACIÓN DE DOMICILIO

ARTÍCULO 287.1.- El que, fuera de los casos autorizados en la ley, penetre en domicilio ajeno sin la voluntad, expresa o tácita, del morador, o permanezca en él contra su voluntad manifiesta, incurre en sanción de privación de libertad de tres meses a un año o multa de cien a trescientas cuotas o ambas.

2. Si el delito se ejecuta de noche, o en despoblado, o empleando violencia o intimidación en las personas, o fuerza en las cosas, o usando armas o con el concurso de dos o más personas, la sanción es de privación de libertad de dos a cinco años.

3. Se considera domicilio, a los efectos de este artículo, la casa que sirve de morada, así como los locales cerrados que la integran, y espacios, patios y jardines cercados, contiguos a ella.

SECCIÓN SEGUNDA. REGISTRO ILEGAL

ARTÍCULO 288.- El que, sin autorización legal o sin cumplir las formalidades legales, efectúe un registro en un domicilio, incurre en sanción de privación de libertad de tres meses a un año o multa de cien a trescientas cuotas o ambas.

CAPÍTULO III. VIOLACION Y REVELACION DEL SECRETO DE LA CORRESPONDENCIA

SECCIÓN PRIMERA. VIOLACIÓN DEL SECRETO DE LA CORRESPONDENCIA

ARTÍCULO 289.1.- El que, sin estar autorizado, abra carta, telegrama, despacho o cualquier correspondencia perteneciente a otro, es sancionado con privación de libertad de tres meses a un año o multa de cien a trescientas cuotas.

2. En igual sanción incurre el que, sin estar autorizado, viola el secreto de las comunicaciones telefónicas.

3. Si el delito se comete por un funcionario o empleado público, con abuso de su cargo, la sanción es de privación de libertad de seis meses a dos años o multa de doscientas a quinientas cuotas.

SECCIÓN SEGUNDA. REVELACIÓN DEL SECRETO DE LA CORRESPONDENCIA

ARTÍCULO 290.1.- El que, con el propósito de perjudicar a otro o de procurar para sí o para un tercero un beneficio, revele un secreto que conoce a través de carta, telegrama, despacho o cualquiera otra correspondencia no dirigida a él, es sancionado con privación de libertad de tres meses a un año o multa de cien a trescientas cuotas o ambas.

2. Si el delito se comete por un funcionario o empleado público, con abuso de su cargo, la sanción es de privación de libertad de seis meses a dos años o multa de doscientas a quinientas cuotas.

CAPÍTULO IV. DELITO CONTRA LA LIBRE EMISION DEL PENSAMIENTO

ARTÍCULO 291.1.- El que, en cualquier forma, impida a otro el ejercicio del derecho de libertad de palabra o prensa garantizado por la Constitución y las leyes, es sancionado con privación de libertad de tres meses a un año o multa de cien a trescientas cuotas o ambas.

2. Si el delito se comete por un funcionario público, con abuso de su cargo, la sanción es de privación de libertad de seis meses a dos años o multa de doscientas a quinientas cuotas.

CAPÍTULO V. DELITOS CONTRA LOS DERECHOS DE REUNION,MANIFESTACION, ASOCIACION, QUEJA

Y PETICION

ARTÍCULO 292.1.- Se sanciona con privación de libertad de tres meses a un año o multa de cien a trescientas cuotas o ambas al que, con infracción de las disposiciones legales:

a) impida que una asociación lícita funcione o que una persona pertenezca a ella;

b) impida la celebración de una reunión o manifestación lícita o que una persona concurra a ellas;

c) impida u obstaculice que una persona dirija quejas y peticiones a las autoridades.

2. Si el delito se comete por un funcionario público, con abuso de su cargo, la sanción es de privación de libertad de seis meses a dos años o multa de doscientas a quinientas cuotas.

CAPÍTULO VI. DELITO CONTRA EL DERECHO DE PROPIEDAD

ARTÍCULO 293.- El funcionario público que disponga la expropiación de bienes o derechos de una persona, sin autorización legal o sin cumplir las formalidades legales, es Sancionado con privación de libertad de tres meses a un año o multa de cien a trescientas cuotas o ambas.

CAPÍTULO VII. DELITO CONTRA LA LIBERTAD DE CULTOS

ARTÍCULO 294.1.- El que impida o perturbe los actos o ceremonias públicas de los cultos registrados, que se celebren con observancia de las disposiciones legales, es sancionado con privación de libertad de tres meses a un año o multa de cien a trescientas cuotas o ambas.

2. Si el delito se comete por un funcionario público, con abuso de su cargo, la sanción es de privación de libertad de seis meses a dos años o multa de doscientas a quinientas cuotas.

CAPÍTULO VIII. DELITO CONTRA EL DERECHO DE IGUALDAD

ARTÍCULO 295.1.- El que discrimine a otra persona o promueva o incite a la discriminación, sea con manifestaciones y ánimo ofensivo a su sexo, raza, color u origen nacional o con acciones para obstaculizarle o impedirle, por motivos de sexo, raza, color u origen nacional, el ejercicio o disfrute de los derechos de igualdad establecidos en la Constitución, incurre en sanción de privación de libertad de seis meses a dos años o multa de doscientas a quinientas cuotas o ambas.

2. En igual sanción incurre el que difunda ideas basadas en la superioridad u odio racial o cometa actos de violencia o incite a cometerlos contra cualquier raza o grupo de personas de otro color u origen étnico.

TÍTULO X. DELITOS CONTRA LOS DERECHOS LABORALES

CAPÍTULO I. INCUMPLIMIENTO DE NORMAS DE PROTECCION E HIGIENE DEL TRABAJO

ARTÍCULO 296.1.- El responsable directo de la aplicación o ejecución de las medidas referentes a la protección e higiene del trabajo que, a consecuencia de infringir, dentro del ámbito de su competencia, las disposiciones establecidas al respecto, dé lugar a que se produzca la muerte de algún trabajador, incurre en sanción de privación de libertad de dos a cinco años.

2. Si, como consecuencia de la infracción a que se refiere el apartado anterior, se producen lesiones graves o graves perjuicios para la salud a algún trabajador, la sanción es de seis meses a dos años o multa de doscientas a quinientas cuotas.

3. El que, por no haber ordenado, teniendo la obligación de hacerlo, las medidas de protección e higiene del trabajo a quienes deban cumplirlas, dé lugar a que se produzca la muerte de un trabajador, incurre en sanción de privación de libertad de uno a tres años o multa de trescientas a mil cuotas.

4. Si, como consecuencia de la infracción a que se refiere el apartado anterior, se producen lesiones graves o graves perjuicios para la salud a algún trabajador, la sanción es de tres meses a un año o multa de cien a trescientas cuotas.

NOTA. Con la promulgación de la Ley No. 116, Código de Trabajo, de 20 de diciembre de 2013, (G.O. Extraordinario No. 29, de 17 de junio de 2014, págs. 453-483), el concepto de "protección e higiene del trabajo" fue sustituido por el de "seguridad y salud en el trabajo", por lo que la referencia que aparece en este artículo deberá entenderse hecha a este último.

CAPÍTULO II. IMPOSICION INDEBIDA DE MEDIDAS DISCIPLINARIAS

ARTÍCULO 297.1.- El que sin estar legítimamente autorizado o estándolo, imponga a los trabajadores ilegalmente medidas disciplinarias, incurre en sanción de privación de libertad de tres meses a un año o multa de cien a trescientas cuotas.

2. Cuando la medida disciplinaria ilegal se imponga por enemistad, venganza u otro fin malicioso, la sanción es de privación de libertad de seis meses a dos años o multa de doscientas a quinientas cuotas.

TÍTULO XI. DELITOS CONTRA EL NORMAL DESARROLLO DE LAS RELACIONES SEXUALES Y CONTRA LA FAMILIA, LA INFANCIA Y LA JUVENTUD

CAPÍTULO I. DELITOS CONTRA EL NORMAL DESARROLLO DE LAS RELACIONES SEXUALES

SECCIÓN PRIMERA. VIOLACIÓN

ARTÍCULO 298.1.- Se sanciona con privación de libertad de cuatro a diez años al que tenga acceso carnal con una mujer, sea por vía normal o contra natura, siempre que en el hecho concurra alguna de las circunstancias siguientes:

a) usar el culpable de fuerza o intimidación suficiente para conseguir su propósito;

b) hallarse la víctima en estado de enajenación mental o de trastorno mental transitorio, o privada de razón o de sentido por cualquier causa, o incapacitada para resistir, o carente de la facultad de comprender el alcance de su acción o de dirigir su conducta.

2. La sanción es de privación de libertad de siete a quince años:

a) si el hecho se ejecuta con el concurso de dos o más personas;

b) si el culpable, para facilitar la ejecución del hecho, se presenta vistiendo uniforme militar o aparentando ser funcionario público;

c) si la víctima es mayor de doce y menor de catorce años de edad.

3. La sanción es de privación de libertad de quince a treinta años o muerte:

a) si el hecho se ejecuta por una persona que con anterioridad ha sido ejecutoriamente sancionada por el mismo delito;

b) si como consecuencia del hecho, resultan lesiones o enfermedad graves;

c) si el culpable conoce que es portador de una enfermedad de transmisión sexual.

4. En igual sanción que la prevista en el apartado anterior incurre, el que tenga acceso carnal con menor de doce años de edad, aunque no concurran las circunstancias previstas en los apartados que anteceden.

SECCIÓN SEGUNDA. PEDERASTIA CON VIOLENCIA

ARTÍCULO 299.1.- El que cometa actos de pederastia activa empleando violencia o intimidación, o aprovechando que la víctima esté privada de razón o de sentido o incapacitada para resistir, es Sancionado con privación de libertad de siete a quince años.

2. La sanción es de privación de libertad de quince a treinta años o muerte:

a) si la víctima es un menor de 14 años de edad aun cuando no concurran en el hecho las circunstancias previstas en el apartado 1;

b) si como consecuencia del hecho resultan lesiones o enfermedad graves;

c) si el hecho se ejecuta por una persona que con anterioridad ha sido ejecutoriamente sancionada por el mismo delito.

SECCIÓN TERCERA. ABUSOS LASCIVOS

ARTÍCULO 300.1.- El que, sin ánimo de acceso carnal, abuse lascivamente de una persona de uno u otro sexo, concurriendo cualquiera de las circunstancias previstas en el apartado 1 del artículo 298, incurre en sanción de privación de libertad de seis meses a dos años o multa de doscientas a quinientas cuotas.

2. Si en el abuso lascivo concurre alguna de las circunstancias a que se refiere el apartado 2 del artículo 298, la sanción es de privación de libertad de uno a tres años o multa de trescientas a mil cuotas.

3. Si en el abuso lascivo concurre alguna de las circunstancias a que se refieren los apartados 3 y 4 del artículo 298, la sanción es de privación de libertad de dos a cinco años.

4. Si en el abuso lascivo no concurre ninguna de las circunstancias a que se refieren los apartados 1, 2, 3 y 4 del artículo 298, la sanción es de privación de libertad de tres meses a un año o multa de cien a trescientas cuotas.

ARTÍCULO 301.1.- La autoridad, funcionario o empleado público que proponga relaciones sexuales a quien esté a su disposición en concepto de detenido, recluido o Sancionado, o bajo su custodia, o al cónyuge, hijo, madre, padre o hermano de la persona en esa situación, o al cónyuge del hijo o hermano, incurre en sanción de privación de libertad de dos a cinco años.

2. Si la proposición de relaciones sexuales se hace a quien tenga pleito civil, causa o proceso, expediente o asunto de cualquier clase pendiente de resolución, trámite, opinión o informe oficial, en que la autoridad, funcionario o empleado debe intervenir por razón de su cargo, la sanción es de privación de libertad de seis meses a dos años o multa de doscientas a quinientas cuotas.

SECCIÓN CUARTA. PROXENETISMO Y TRATA DE PERSONAS

ARTÍCULO 302.1.- Incurre en sanción de privación de libertad de cuatro a diez años, el que:

a) induzca a otro, o de cualquier modo coopere o promueva a que otro ejerza la prostitución o el comercio carnal;

b) directamente o mediante terceros, posea, dirija, administre, haga funcionar o financie de manera total o parcial un local, establecimiento o vivienda, o parte de ellos, en el que se ejerza la prostitución o cualquier otra forma de comercio carnal;

c) obtenga, de cualquier modo, beneficios del ejercicio de la prostitución por parte de otra persona, siempre que el hecho no constituya un delito de mayor gravedad.

2. La sanción es de privación de libertad de diez a veinte años cuando en los hechos a que se refiere el apartado anterior concurra alguna de las circunstancias siguientes:

a) si el inculpado, por las funciones que desempeña, participa en actividades relacionadas, de cualquier modo, con la protección de la salud pública, el mantenimiento del orden público, la educación, el turismo, la dirección de la juventud o la lucha contra la prostitución u otras formas de comercio carnal;

b) si en la ejecución del hecho se emplea amenaza, chantaje, coacción o abuso de autoridad, siempre que la concurrencia de alguna de estas circunstancias no constituya un delito de mayor gravedad;

c) si la víctima del delito es un incapacitado que esté por cualquier motivo al cuidado del culpable.

3. La sanción es de veinte a treinta años de privación de libertad en los casos siguientes:

a) cuando el hecho consista en promover, organizar o incitar la entrada o salida del país de personas con la finalidad de que éstas ejerzan la prostitución o cualquier otra forma de comercio carnal;

b) si el hecho se ejecuta por una persona que con anterioridad ha sido ejecutoriamente sancionada por el delito previsto en este artículo;

c) cuando el autor de los hechos previstos en los apartados anteriores los realiza habitualmente.

4. En los casos de comisión de los delitos previstos en este artículo puede imponerse, además, como sanción accesoria, la de confiscación de bienes.

5. Se considera comercio carnal, a los efectos de este artículo, toda acción de estímulo o explotación de las relaciones sexuales como actividad lucrativa.

SECCIÓN QUINTA. ULTRAJE SEXUAL

ARTÍCULO 303.- Se sanciona con privación de libertad de tres meses a un año o multa de cien a trescientas cuotas al que:

a) acose a otro con requerimientos sexuales;

b) ofenda el pudor o las buenas costumbres con exhibiciones o actos obscenos;

c) produzca o ponga en circulación publicaciones, grabados, cintas cinematográficas o magnetofónicas, grabaciones, fotografías u otros objetos que resulten obscenos, tendentes a pervertir o degradar las costumbres.

CAPÍTULO II. DELITOS CONTRA EL NORMAL DESARROLLO DE LA FAMILIA

SECCIÓN PRIMERA. INCESTO

ARTÍCULO 304.1.- El ascendiente que tenga relaciones sexuales con el descendiente, incurre en sanción de privación de libertad de dos a cinco años. La sanción imponible al descendiente es de seis meses a dos años de privación de libertad.

2. Los hermanos que tengan relaciones sexuales entre sí, incurren en sanción de privación de libertad de tres meses a un año, cada uno.

3. Las sanciones previstas en este artículo se imponen siempre que los hechos no constituyan un delito de mayor entidad.

SECCIÓN SEGUNDA. ESTUPRO

ARTÍCULO 305.- El que tenga relación sexual con mujer soltera mayor de 12 años y menor de 16, empleando abuso de autoridad o engaño, incurre en sanción de privación de libertad de tres meses a un año.

SECCIÓN TERCERA. BIGAMIA

ARTÍCULO 306.- El que formalice nuevo matrimonio, sin estar legítimamente disuelto el anterior formalizado, incurre en sanción de privación de libertad de tres meses a un año o multa de cien a trescientas cuotas.

SECCIÓN CUARTA. MATRIMONIO ILEGAL

ARTÍCULO 307.- El que, no obstante existir una prohibición legal, formalice matrimonio, incurre en sanción de privación de libertad de tres meses a un año o multa de cien a trescientas cuotas o ambas.

SECCIÓN QUINTA. SUSTITUCIÓN DE UN NIÑO POR OTRO

ARTÍCULO 308.1.- El que sustraiga un niño ajeno o sustituya un niño por otro, incurre en sanción de privación de libertad de seis meses a dos años.

2. Si el hecho previsto en el apartado anterior se realiza con ánimo de lucro o con otro fin malicioso, la sanción es de privación de libertad de dos a cinco años.

SECCIÓN SEXTA. DISPOSICIONES COMPLEMENTARIAS

ARTÍCULO 309.1.- En los delitos de violación, pederastia con violencia, abusos lascivos, incesto, bigamia y matrimonio ilegal, es necesario, para proceder, la denuncia de la persona agraviada, cualquiera que sea su edad, o la de su cónyuge, ascendientes, hermanos, representante legal o persona que la tenga bajo su guarda y cuidado, salvo en los casos que hubieran producido escándalo, en los que basta la denuncia de cualquier persona.

2. En el delito de estupro sólo se procederá por denuncia del representante legal de la persona agraviada. No obstante, si el denunciante desiste de su denuncia, por escrito y en forma expresa antes del juicio o verbalmente y dejando constancia en acta durante su celebración, se archivarán las actuaciones.

CAPÍTULO III. DELITOS CONTRA EL NORMAL DESARROLLO DE LA INFANCIA Y LA JUVENTUD

SECCIÓN PRIMERA. CORRUPCIÓN DE MENORES

ARTÍCULO 310.1.- El que utilice a una persona menor de 16 años de edad, de uno u otro sexo, en el ejercicio de la prostitución o en la práctica de actos de corrupción, pornográficos, heterosexuales u homosexuales, u otras de las conductas deshonestas de las previstas en este Código, incurre en sanción de privación de libertad de siete a quince años.

2. La sanción es de privación de libertad de veinte a treinta años o muerte en los casos siguientes:

a) si el autor emplea violencia o intimidación para el logro de sus propósitos;

b) si como consecuencia de los actos a que se refiere el apartado anterior, se ocasionan lesiones o enfermedad al menor;

c) si se utiliza más de un menor para la realización de los actos previstos en el apartado anterior;

ch) si el hecho se realiza por quien tenga la potestad, guarda o cuidado del menor;

a) si la víctima es menor de doce años de edad o se halla en estado de enajenación mental o de trastorno mental transitorio, o privada de razón o de sentido por cualquier causa o incapacitada para resistir;

b) cuando el hecho se ejecuta por dos o más personas.

3. El que induzca a una persona menor de 16 años de edad a concurrir a lugar en que se practiquen actos de corrupción, incurre en sanción de privación de libertad de tres a ocho años.

4. La mera proposición de los actos previstos en los apartados 1 y 3 se sanciona con privación de libertad de dos a cinco años.

5. En los casos de comisión de los delitos previstos en este artículo podrá imponerse además, como sanción accesoria, la de confiscación de bienes.

ARTÍCULO 311.- Se sanciona con privación de libertad de dos a cinco años al que:

a) con noticias de que un menor sujeto a su potestad, guarda o cuidado se dedica al uso o consumo de drogas estupefacientes, sustancias sicotrópicas u otras de efectos similares, o se encuentra ejerciendo la prostitución, el comercio carnal o cualquiera de los actos previstos en el artículo anterior, lo consienta o no lo impida o no ponga el hecho en conocimiento de las autoridades;

b) ejecute actos sexuales en presencia de personas menores de 16 años de edad;

c) ofrezca, venda, suministre o facilite a una persona menor de 16 años de edad, libros, publicaciones, estampas, fotografías, películas, videos u otros objetos de carácter obsceno o pornográfico.

ARTÍCULO 312.1.- El que utilice a una persona menor de 16 años de edad en prácticas de mendicidad, incurre en sanción de privación de libertad de dos a cinco años o multa de quinientas a mil cuotas o ambas.

2. Si el hecho previsto en el apartado anterior se realiza por quien tenga la potestad, guarda o cuidado del menor, la sanción es de privación de libertad de tres a ocho años.

ARTÍCULO 313.1.- El que induzca una persona menor de 16 años de edad a participar en juegos de interés o a ingerir habitualmente bebidas alcohólicas, incurre en sanción de privación de libertad de dos a cinco años o multa de quinientas a mil cuotas o ambas.

2. Si la inducción se dirige al uso o consumo de drogas estupefacientes, sustancias sicotrópicas u otras de efectos similares, la sanción es de privación de libertad de cinco a doce años.

ARTÍCULO 314.- El que, por su negligencia o descuido dé lugar a que un menor bajo su potestad, guarda o cuidado, use o consuma drogas estupefacientes o sustancias sicotrópicas u otras de efectos similares, o ejerza la prostitución, el comercio carnal, heterosexual u homosexual, o realice actos pornográficos o corruptores, incurre en sanción de privación de libertad de dos a cinco años o multa de quinientas a mil cuotas o ambas.

SECCIÓN SEGUNDA. OTROS ACTOS CONTRARIOS AL NORMAL DESARROLLO DEL MENOR

ARTÍCULO 315.1.- El que no atienda o descuide la educación, manutención o asistencia de una persona menor de edad que tenga bajo su potestad o guarda y cuidado, incurre en sanción de privación de libertad de tres meses a un año o multa de cien a trescientas cuotas o ambas.

2. En igual sanción incurre el que, habiendo sido privado de la patria potestad, no contribuye al sostenimiento de sus hijos, en las condiciones y por el término establecido en la Ley.

3. El que induzca a un menor de edad a abandonar su hogar, faltar a la escuela, rechazar el trabajo educativo inherente al sistema nacional de educación o a incumplir sus deberes relacionados con el respeto y amor a la patria, incurre en sanción de privación de libertad de tres meses a un año o multa de cien a trescientas cuotas o ambas.

SECCIÓN TERCERA. VENTA Y TRÁFICO DE MENORES.

ARTÍCULO 316.1.- El que venda o transfiera en adopción un menor de dieciséis años de edad, a otra persona, a cambio de recompensa, compensación financiera o de otro tipo, incurre en sanción de privación de libertad de dos a cinco años o multa de trescientas a mil cuotas o ambas.

2. La sanción es de tres a ocho años de privación de libertad cuando en los hechos a que se refiere el apartado anterior concurra alguna de las circunstancias siguientes:

a) si se comenten actos fraudulentos con el propósito de engañar a las autoridades;

b) si es cometido por la persona o responsable de la institución que tiene al menor bajo su guarda y cuidado;

c) si el propósito es trasladar al menor fuera del territorio nacional.

3. La sanción es de siete a quince años de privación de libertad cuando el propósito es utilizar al menor en cualquiera de las formas de tráfico internacional, relacionadas con la práctica de actos de corrupción, pornográficos, el ejercicio de la prostitución, el comercio de órganos, los trabajos forzados, actividades vinculadas al narcotráfico o al consumo ilícito de drogas.

4. Las sanciones previstas en este artículo se imponen siempre que los hechos no constituyan un delito de mayor entidad.

CAPÍTULO IV. DISPOSICIONES COMPLEMENTARIAS

ARTÍCULO 317.1.- A los maestros o encargados en cualquier forma de la educación o dirección de la juventud que sean declarados culpables de alguno de los delitos previstos en los artículos 298, 299, 300, 302, 303, 304, 310, 311, 312, 313, 314 y 316, se les impone la sanción accesoria de prohibición permanente para el ejercicio del magisterio o de cualquier otra función de dirección de la juventud.

2. A los ascendientes, tutores o guardadores que cometan los delitos previstos en los artículos 298, 299, 300, 302, 303, incisos a) y b), 304, 310, 312 y 313, apartado 2, en la persona de sus respectivos descendientes, pupilos o menores a su cuidado, además de la sanción señalada en cada caso, se les priva o suspende temporalmente de los derechos derivados de la relación paterno-filial o tutelar.

3. En los delitos de violación, estupro o bigamia, el culpable es Sancionado, además, a reconocer la prole que resulte, si lo solicita la ofendida.

4. A los declarados responsables de los delitos previstos en este Título podrá aplicarse la sanción accesoria de prohibición del ejercicio de una profesión, cargo u oficio, aun cuando en el hecho no concurra abuso del cargo o negligencia en el cumplimiento de los deberes y cualquiera que sea la profesión, cargo u oficio del culpable, siempre que de algún modo haya tenido relación con la comisión del hecho.

TÍTULO XII. DELITOS CONTRA EL HONOR

CAPÍTULO I. DIFAMACION

ARTÍCULO 318.1.- El que, ante terceras personas, impute a otro una conducta, un hecho o una característica, contrarios al honor, que puedan dañar su reputación social, rebajarlo en la opinión pública o exponerlo a perder la confianza requerida para el desempeño de su cargo, profesión o función social, es sancionado con privación de libertad de tres meses a un año o multa de cien a trescientas cuotas o ambas.

2. El inculpado no incurre en sanción alguna si prueba que las imputaciones que hizo o que propagó eran ciertas, o que tenía razones serias para creerlas, así como que obró, o que fundamente creyó obrar, en defensa de un interés socialmente justificado.

3. No se admite al inculpado la prueba prevista en el apartado anterior, si manifiestamente no tenía otro designio que denigrar a la víctima.

4. Si el inculpado no prueba la veracidad de sus imputaciones o se retracta de ellas o son contrarias a la verdad, el tribunal lo consigna así en la sentencia, y debe dar a la víctima la debida constancia de ese hecho.

CAPÍTULO II. CALUMNIA

ARTÍCULO 319.1.- El que, a sabiendas, divulgue hechos falsos que redunden en descrédito de una persona, incurre en sanción de privación de libertad de seis meses a dos años o multa de doscientas a quinientas cuotas.

2. Si ante el tribunal el culpable reconoce la falsedad de sus afirmaciones y se retracta de ellas, la sanción es de privación de libertad de tres meses a un año o multa de cien a trescientas cuotas. El tribunal debe dar a la víctima constancia de la retractación.

CAPÍTULO III. INJURIA

ARTÍCULO 320.1.- El que, de propósito, por escrito o de palabra, por medio de dibujos, gestos o actos, ofenda a otro en su honor, incurre en sanción de privación de libertad de tres meses a un año o multa de cien a trescientas cuotas.

2. El tribunal puede no imponer la sanción si la injuria es debida al comportamiento provocador

de la víctima, o si ésta reaccionó inmediatamente con otra injuria o con un ataque contra la integridad corporal.

CAPÍTULO IV. DISPOSICIONES COMPLEMENTARIAS

ARTÍCULO 321.1.- Los delitos de calumnia e injuria sólo son perseguibles en virtud de querella de la parte ofendida.

2. La difamación requiere la denuncia de la parte ofendida. Si la difamación o la calumnia se refiere a una persona fallecida o declarada ausente, el derecho a denunciar o a establecer la querella corresponde a sus parientes más próximos.

TÍTULO XIII. DELITOS CONTRA LOS DERECHOS PATRIMONIALES

CAPÍTULO I. HURTO

ARTÍCULO 322.1.- El que sustraiga una cosa mueble de ajena pertenencia, con ánimo de lucro, incurre en sanción de privación de libertad de uno a tres años o multa de trescientas a mil cuotas o ambas.

2. La sanción es de privación de libertad de tres a ocho años:

a) si el hecho se comete en vivienda habitada hallándose presentes o no sus moradores;

b) si el hecho se realiza con la participación de menores de 16 años de edad;

c) si el hecho se ejecuta por una o más personas actuando como miembros de un grupo organizado;

ch) si como consecuencia del delito, se produce un grave perjuicio.

3. La sanción es de dos a cinco años al que, con ánimo de lucro, sustraiga un vehículo de motor y se apodere de cualquiera de sus partes componentes o de alguna de sus piezas.

ARTÍCULO 323.- En el caso previsto en el apartado 1 del artículo anterior, si los bienes sustraídos son de limitado valor, la sanción es de privación de libertad de tres meses a un año o multa de cien a trescientas cuotas o ambas.

ARTICULO 324.1.- El que, aprovechando aglomeraciones públicas o cualquier otra circunstancia propicia, sustraiga bienes, documentos o valores en cualquier cuantía, que la víctima lleve consigo, incurre en sanción de privación de libertad de dos a cinco años.

2. Si el hecho previsto en el apartado anterior se realiza por un reincidente, la sanción es de privación de libertad de tres a ocho años.

CAPÍTULO II. SUSTRACCION DE ELECTRICIDAD, GAS, AGUA O FUERZA

ARTÍCULO 325.- El que sustraiga fluido eléctrico, gas, agua o fuerza, de instalación personal o colectiva, es sancionado con privación de libertad de tres meses a un año o multa de cien a trescientas cuotas o ambas.

CAPÍTULO III. SUSTRACCION DE VEHICULOS DE MOTOR PARA USARLOS

ARTÍCULO 326.1.- El que sustraiga un vehículo motorizado con el propósito de usarlo o de que otro lo use temporalmente, es Sancionado con privación de libertad de uno a tres años o multa de trescientas a mil cuotas o ambas.

2. La sanción es de privación de libertad de dos a cinco años o multa de trescientas a mil cuotas o ambas:

a) si como consecuencia del hecho o con ocasión del mismo, el vehículo sufre daños considerables o resulta cualquier otro grave perjuicio;

b) si el hecho se realiza por una o más personas actuando como miembros de un grupo organizado, o con la participación de personas menores de 16 años de edad.

CAPÍTULO IV. ROBO CON VIOLENCIA O INTIMIDACION EN LAS PERSONAS

ARTÍCULO 327.1.- El que sustraiga una cosa mueble de ajena pertenencia, con ánimo de lucro, empleando violencia o intimidación en las personas, incurre en sanción de privación de libertad de siete a quince años.

2. En igual sanción incurre:

a) el que sustraiga una cosa mueble de ajena pertenencia si, inmediatamente después de cometido el hecho emplea violencia o amenaza de inminente violencia sobre una persona para retener la cosa sustraída o para lograr la impunidad del acto;

b) si el hecho consiste en arrebatar la cosa de las manos o de encima de la persona del perjudicado.

3. La sanción es de privación de libertad de ocho a veinte años, cuando:

a) el hecho se ejecuta en un vehículo de transporte público o de pasajeros cuando éste se encuentre prestando dicho servicio;

b) el hecho se ejecuta vistiendo el culpable uniforme de los miembros de las Fuerzas Armadas Revolucionarias o de cualquier otro cuerpo armado de la República, o fingiendo ser funcionario público o mostrando una orden o mandamiento falsos de una autoridad;

c) si en la ejecución del hecho o en ocasión del mismo se originan lesiones.

4. La sanción es de privación de libertad de veinte a treinta años o de privación perpetua de libertad cuando:

a) el hecho se comete en vivienda habitada;

b) el hecho se efectúa portando el comisor un arma de fuego o de otra clase u otro instrumento idóneo para la agresión;

c) el hecho se realiza por una o más personas actuando como miembros de un grupo organizado, o con la participación de personas menores de 16 años de edad;

ch) el hecho se ejecuta por una persona que con anterioridad ha sido ejecutoriamente sancionada por el delito de robo con fuerza en las cosas o de robo con violencia o intimidación en las personas.

5. La sanción es de privación de libertad de veinte a treinta años o muerte cuando:

a) se hace uso de un arma de fuego;

b) se priva de libertad a una persona;

c) en la ejecución del hecho o con ocasión del mismo se ocasionan lesiones graves;

ch) la violencia o intimidación se realiza en la persona de una autoridad o sus agentes en el ejercicio de sus funciones o contra cualquier persona que se encuentre en la prestación de los servicios de seguridad y protección.

CAPÍTULO V. ROBO CON FUERZA EN LAS COSAS

ARTÍCULO 328.1.- Se sanciona con privación de libertad de tres a ocho años al que sustraiga una cosa mueble de ajena pertenencia, con ánimo de lucro, concurriendo en el hecho alguna de las circunstancias siguientes:

a) entrar en el lugar o salir de él por una vía no destinada al efecto;

b) uso de llave falsa, o uso de la verdadera que hubiese sido sustraída o hallada, o de ganzúa u otro instrumento análogo. A estos efectos, se consideran llaves las tarjetas, magnéticas o perforadas, y los mandos o instrumentos de apertura a distancia, u otros de iguales propósitos;

c) rompimiento de pared, techo o suelo, o fractura de puertas o ventanas, o de sus cerraduras, aldabas o cierres;

ch) fractura de armario u otra clase de muebles u objetos cerrados o sellados, o forzando sus cerraduras, o su sustracción para fracturarlos o violentarlos en otro lugar, aun cuando la fractura o violencia no llegue a consumarse;

d) inutilizar los sistemas de alarma o vigilancia;

e) empleo de fuerza sobre la cosa misma.

2. La sanción es de privación de libertad de ocho a veinte años cuando:

a) el hecho se comete en vivienda habitada no hallándose presente sus moradores;

b) el hecho se ejecuta vistiendo el culpable uniforme de los miembros de las Fuerzas Armadas Revolucionarias o de cualquier otro cuerpo armado de la República, o fingiendo ser funcionario público;

c) el hecho se ejecuta aprovechando el momento en que tiene lugar un ciclón, terremoto, incendio u otra calamidad pública;

ch) si los objetos sustraídos son de considerable valor.

3. La sanción es de privación de libertad de veinte a treinta años o de privación perpetua de libertad:

a) si el hecho se comete en vivienda habitada hallándose presentes sus moradores;

b) si el hecho se ejecuta por una persona que con anterioridad ha sido ejecutoriamente sancionada por el delito de robo con fuerza en las cosas o de robo con violencia o intimidación en las personas;

c) el hecho se realiza por una o más personas actuando como miembros de un grupo organizado, o con la participación de menores de 16 años de edad.

4. Los actos preparatorios del delito previsto en este artículo se sancionan conforme a lo dispuesto en el artículo 12.5.

ARTÍCULO 329.1. En el caso previsto en el apartado 1 del artículo anterior, si los bienes sustraídos son de limitado valor y la conducta del infractor no revela elevada peligrosidad, la sanción es de privación de libertad de uno a tres años o multa de trescientas a mil cuotas, o ambas.

2. En igual sanción se incurre si el hecho a que se refiere el apartado anterior se comete penetrando en los espacios, patios, jardines cercados o azoteas de una vivienda habitada, aun hallándose presentes sus moradores, siempre que la sustracción se cometa en los lugares mencionados.

CAPÍTULO VI. TENENCIA, FABRICACION Y VENTA DE INSTRUMENTOS IDONEOS PARA EJECUTAR EL DELITO DE ROBO

ARTÍCULO 330.1.- El que tenga en su poder ganzúa u otro instrumento idóneo para la ejecución del delito de robo y no dé descargo suficiente sobre su tenencia, incurre en sanción de privación de libertad de seis meses a dos años o multa de doscientas a quinientas cuotas o ambas.

2. En igual sanción incurre el que fabrique dichos instrumentos, o los venda o facilite a otro.

CAPÍTULO VII. EXTORSION Y CHANTAJE

SECCIÓN PRIMERA. EXTORSIÓN

ARTÍCULO 331.- El que, con el propósito de obtener un beneficio patrimonial ilegítimo para sí o para un tercero, y empleando violencia o amenaza de inminente violencia o de otro grave daño, obligue a otro a entregar alguna escritura o documento, o a contraer alguna obligación, condonar alguna deuda o renunciar a algún derecho, incurre en sanción de privación de libertad de tres a ocho años.

SECCIÓN SEGUNDA. CHANTAJE

ARTÍCULO 332.1.- El que amenace a otro con divulgar un hecho, cierto o incierto, lesivo para su honor o su prestigio público o el de su cónyuge, ascendiente, descendiente, hermano o cualquier otro familiar allegado, para obligarlo a entregar dinero o bienes de cualquier clase o a realizar o abstenerse de realizar cualquier acto en detrimento de su patrimonio, incurre en sanción de privación de libertad de dos a cinco años.

2. La sanción es de privación de libertad de tres a ocho años si el delito se ejecuta por uno o más individuos actuando como miembros de un grupo organizado, o del hecho resulta un grave perjuicio.

CAPÍTULO VIII. USURPACION

ARTÍCULO 333.1.- El que ocupe o se apodere ilegítimamente de un bien inmueble de ajena pertenencia, incurre en sanción de privación de libertad de tres meses a un año o multa de cien a trescientas cuotas o ambas.

2. Si el hecho previsto en el apartado anterior se ejecuta empleando violencia o intimidación en las personas, la sanción es de privación de libertad de uno a tres años o multa de trescientas a mil cuotas o ambas.

3. Las sanciones previstas en el apartado 2 se imponen siempre que los hechos, por los resultados de la violencia ejercida, no constituyan un delito de mayor entidad.

CAPÍTULO IX. DEFRAUDACIONES

SECCIÓN PRIMERA. ESTAFA

ARTÍCULO 334.1.- El que, con el propósito de obtener para sí o para otro, una ventaja o un beneficio patrimonial ilegítimo, y empleando cualquier ardid o engaño que induzca a error a la víctima, determine a éste a realizar o abstenerse de realizar un acto en detrimento de sus bienes o de los de un tercero, incurre en sanción de privación de libertad de tres meses a un año o multa de cien a trescientas cuotas o ambas.

2. Si el culpable, para la ejecución del hecho, se aprovecha de las funciones inherentes al cargo, empleo, ocupación u oficio que desempeña en una entidad económica estatal, la sanción es de privación de libertad de dos a cinco años.

3. Si por el delito el culpable obtiene un beneficio de considerable valor, o si la víctima sufre un grave perjuicio en sus bienes, o el hecho se realiza por uno o más individuos actuando como miembros de un grupo organizado, la sanción es de privación de libertad de cuatro a diez años.

4. Incurre en sanción de privación de libertad de dos a cinco años o multa de quinientas a mil cuotas o ambas, el que a sabiendas:

a) libre un cheque sin provisión de fondos o con provisión insuficiente, o después de haber retirado dicha provisión;

b) libre un cheque retirando la provisión de fondos antes de que el cheque pueda legalmente ser presentado al cobro o antes de haber anulado su expedición por cualquiera de las formas que en derecho proceda.

5. Si, en los hechos previstos en el apartado anterior, el culpable abona al perjudicado la cantidad correspondiente al cheque, antes de la celebración del juicio oral, queda exento de sanción.

SECCIÓN SEGUNDA. APROPIACIÓN INDEBIDA

ARTÍCULO 335.1.- El que, con el propósito de obtener una ventaja o un beneficio patrimonial ilegítimo para sí o para otro, se apropie o consienta que otro se apropie de bienes que le hayan sido confiados, incurre en sanción de privación de libertad de tres meses a un año o multa de cien a trescientas cuotas o ambas.

2. Si los bienes apropiados son de considerable valor, la sanción es de privación de libertad de dos a cinco años o multa de trescientas a mil cuotas o ambas.

3. Si el delito se comete por un conductor de vehículo de carga o de persona responsabilizada con la transportación de bienes, la sanción es de:

a) privación de libertad de uno a tres años o multa de trescientas a mil cuotas o ambas,

en el caso del apartado 1;

b) privación de libertad de cuatro a diez años en el caso del apartado 2.

4. Cuando los bienes apropiados sean de propiedad personal, sólo se procede si media denuncia del perjudicado. Si en este caso el denunciante desiste de su denuncia, por escrito y en forma expresa, antes del juicio, se archivarán las actuaciones.

SECCIÓN TERCERA. MALVERSACIÓN

ARTÍCULO 336.1.- El que teniendo por razón del cargo que desempeña la administración, cuidado o disponibilidad de bienes de propiedad estatal, o de propiedad de las organizaciones políticas, de masas o sociales, o de propiedad personal al cuidado de una entidad económica estatal, se apropie de ellos o consienta que otro se apropie, incurre en sanción de privación de libertad de tres a ocho años.

2. Si los bienes apropiados son de considerable valor, la sanción es de privación de libertad de ocho a veinte años.

3. Si los bienes apropiados son de limitado valor y no procede la aplicación de las disposiciones relativas a la responsabilidad material, la sanción es de privación de libertad de seis meses a dos años o multa de doscientas a quinientas cuotas o ambas.

4. El que autorice u ordene el pago de salarios, dietas u otros emolumentos que no corresponda

abonar por no haberse prestado el servicio, o los abone en cantidades superiores a lo establecido, incurre en sanción de privación de libertad de seis meses a dos años o multa de doscientas a quinientas cuotas.

5. Cuando los delitos a que se refiere este artículo se cometen por un funcionario o empleado de una entidad privada en perjuicio de la propia entidad, se aplican las mismas sanciones establecidas en los apartados anteriores. En estos casos sólo se procederá si media denuncia del perjudicado o del representante legal de la entidad.

6. Si el culpable reintegra, antes de la celebración del juicio oral, los bienes apropiados, o mediante su gestión se logra dicho reintegro, el tribunal puede rebajar hasta en dos tercios el límite mínimo de la sanción que se señala en cada caso.

SECCIÓN CUARTA. INSOLVENCIA PUNIBLE

ARTÍCULO 337.1.- Incurre en sanción de privación de libertad de dos a cinco años:

a) el deudor que para sustraerse al pago de sus obligaciones, se alce con sus bienes, los oculte, simule enajenaciones o créditos, se traslade al extranjero o se oculte sin dejar representante legal o bienes en cantidades suficientes para responder al pago de sus deudas o realice cualquier otro acto de disposición patrimonial en defraudación de los derechos de sus acreedores;

b) el que sea declarado en quiebra, concurso o suspensión de pagos, cuando la insolvencia sea causada o agravada intencionalmente por el deudor o por persona que actúe en su nombre.

2. El que en procedimiento de quiebra, concurso o expediente de suspensión de pagos presente datos falsos relativos al estado financiero, con el fin de lograr la declaración de aquéllos, incurre en sanción de privación de libertad de uno a tres años.

3. Para adecuar la sanción el tribunal tendrá en cuenta la cuantía del perjuicio ocasionado a los acreedores, así como el número y condición económica de éstos.

CAPÍTULO X. RECEPTACION

ARTÍCULO 338.1.- El que, sin haber tenido participación alguna en el delito, oculte en interés propio, cambie o adquiera bienes que por la persona que los presente, o la ocasión o circunstancias de la enajenación, evidencien o hagan suponer racionalmente, que proceden de un delito, es Sancionado con privación de libertad de tres meses a un año o multa de cien a trescientas cuotas o ambas.

2. En igual sanción incurre el que en cualquier forma intervenga en la enajenación de los bienes mencionados.

3. La sanción es de privación de libertad de dos a cinco años o multa de quinientas a mil cuotas o ambas:

a) si el hecho se ejecuta por una persona que con anterioridad ha sido sancionada por el delito previsto en el apartado 1;

b) si los bienes del delito son, por su número, relativamente cuantiosos, o son de considerable valor, o han sido adquiridos, cambiados u ocultados con el propósito de traficar con ellos.

CAPÍTULO XI. DAÑOS

ARTÍCULO 339.1.- El que destruya, deteriore o inutilice un bien perteneciente a otro, es Sancionado con privación de libertad de tres meses a un año o multa de cien a trescientas cuotas o ambas.

2. Si el objeto dañado tiene un valor considerable o a causa del hecho se produce un grave perjuicio, la sanción es de privación de libertad de uno a tres años o multa de trescientas a mil cuotas o ambas.

3. Si los daños causados son de limitado valor, la sanción es de privación de libertad de uno a tres meses o multa hasta cien cuotas o ambas.

4. En los casos previstos en los apartados 1 y 3 sólo se procede si media denuncia del perjudicado. No obstante, si el perjudicado desiste de su denuncia, por escrito y en forma expresa antes del juicio o verbalmente y dejando constancia en acta durante su celebración, se archivarán las actuaciones.

5. Si los daños causados a los objetos, cualquiera que sea el valor de éstos, se realizan para impedir el libre ejercicio de la autoridad o en venganza o represalia de sus determinaciones o contra particulares que, como testigos o de cualquier otra manera, hayan contribuido a la ejecución o aplicación de las leyes o disposiciones generales, la sanción es de privación de libertad de dos a cinco años.

ARTÍCULO 340.- El que, sin causa justificada, destruya, deteriore o inutilice bienes propios, que tienen un valor evidente para la colectividad, incurre en sanción de privación de libertad de tres meses a un año o multa de cien a trescientas cuotas o ambas.

CAPÍTULO XII. DISPOSICIONES COMPLEMENTARIAS

ARTÍCULO 341.1.- Están exentos de responsabilidad con arreglo a este Código, sujetos solamente a la civil, por los hurtos, estafas, apropiaciones indebidas o daños que recíprocamente

se causen:

a) los cónyuges, ascendientes, descendientes o afines en la misma línea;

b) los hermanos y cuñados.

2. La exención de responsabilidad establecida en este artículo no se aplica a los extraños que participen en el delito.

ARTÍCULO 342.1.- A los efectos de lo dispuesto en este Título, por vivienda habitada se considera la casa que sirve de morada, permanente o temporal, así como los locales cerrados que la integran, y los espacios, azoteas, patios y jardines cercados, contiguos a ella o con acceso a su interior.

2. El Consejo de Gobierno del Tribunal Supremo Popular determinará, en cada caso, el alcance o la cuantía relativa a los términos considerable, limitado y reducido valor, empleados en este Código.

TÍTULO XIV. DELITOS CONTRA LA HACIENDA PÚBLICA

CAPÍTULO I. EVASIÓN FISCAL

ARTÍCULO 343.1.- El que, una vez determinada la deuda y vencido el plazo del requerimiento para su pago efectuado por el funcionario competente, evada o intente evadir, total o parcialmente, el pago de impuestos, tasas, contribuciones o cualquier otra obligación de carácter tributario, a que esté obligado, incurre en sanción de privación de libertad de dos a cinco años o multa de quinientas a mil cuotas o ambas.

2. Si los hechos previstos en el apartado anterior se realizan ocultando, omitiendo o alterando los datos de la declaración jurada establecida, o presentando documentos u otros medios de registro de información contable falsos o alterados, la sanción es de privación de libertad de tres a ocho años.

3. El que teniendo la responsabilidad de aportar total o parcialmente al fisco cantidades retenidas o percibidas por los conceptos a que se refiere el apartado 1, no lo haga, incurre en sanción de privación de libertad de dos a cinco años o multa de quinientas a mil cuotas o ambas.

ARTÍCULO 344.1.- El que, por razón del cargo que desempeña, tenga la obligación de registrar y ofrecer información relacionada con el cálculo, determinación o pago de impuestos, tasas, contribuciones o cualquier otra obligación de carácter tributario, oculte, omita o altere la verdadera información, es sancionado con privación de libertad de uno a tres años o multa de trescientas a mil cuotas o ambas, siempre que el hecho no constituya un delito de mayor entidad.

2. Si, como consecuencia de los hechos previstos en el apartado anterior, se ocasionan perjuicios considerables a la economía nacional, la sanción es de privación de libertad de dos a cinco años o multa de quinientas a cinco mil cuotas o ambas.

3. En igual sanción a la prevista en el apartado 1 incurre el que conociendo del hecho ilícito o debiendo haberlo previsto, obtenga beneficios del acto, para sí o para un tercero.

ARTÍCULO 345.- A los declarados responsables por los delitos previstos en los artículos anteriores puede imponérseles, además, la sanción accesoria de confiscación de bienes.

CAPÍTULO II. LAVADO DE ACTIVOS

Este Capítulo fue adicionado por el artículo 21 de la Ley No. 87, Modificativa del Código Penal, de 16 de febrero de 1999 (G.O. Extraordinaria No.1 de 15 de marzo de 1999, pág. 1) y su denominación fue modificada por el artículo 3 del Decreto-Ley No. 316, Modificativo del Código Penal, de la Ley Contra Actos de Terrorismo y de la Ley de Procedimiento Penal, de 5 de diciembre de 2013 (G. O. Extraordinaria No. 44 de 19 de diciembre de 2013, pág. 437)

ARTÍCULO 346.1.- . Incurre en sanción de privación de libertad de cinco a doce años el que adquiera, convierta, transfiera, utilice o tenga en su poder recursos, fondos, bienes, derechos, acciones u otras formas de participación a ellos relativos, o intente realizar estas operaciones, con el propósito de ocultar o disimular su origen ilícito, o con conocimiento, o debiendo conocer o suponer racionalmente, por la ocasión o circunstancias de la operación, que proceden directa o indirectamente de actos relacionados con el crimen organizado, la delincuencia transnacional, la piratería comercial, la piratería marítima y aérea, el tráfico de artículos robados y contra el medio ambiente, o de cualquier delito.

2. En igual sanción incurre el que encubra, oculte, impida u obstaculice la investigación del origen, localización, incautación, confiscación o constitución de garantías, o entorpezca la determinación real de la naturaleza, el origen, la ubicación, el destino, el flujo, movimiento o propiedad auténtica sobre tales recursos, fondos, bienes, derechos, acciones o cualquier otra forma de participación, o a sabiendas, o debiendo conocer o suponer racionalmente, por la ocasión o circunstancia de la operación, que procedían de los actos referidos en el apartado anterior.

3. El que cometa los hechos previstos en los apartados anteriores, formando parte de un grupo organizado, o cuando estos constituyan actos asociados a la corrupción o al crimen organizado, o a la delincuencia transnacional, o que dañen la flora o la fauna especialmente protegida, incurre en sanción de privación de libertad de siete a quince años.

4. Si los hechos referidos en los apartados que anteceden se cometen por ignorancia inexcusable, la sanción será de dos a cinco años de privación de libertad.

5. Los hechos previstos en este artículo se sancionan con independencia del lugar de ejecución del delito precedente y de que su responsable haya sido previamente juzgado y Sancionado.

6. Los delitos previstos en este artículo se sancionan con independencia de los cometidos en ocasión de ellos.

7. A los declarados responsables de este delito se les impone, además, la sanción accesoria de confiscación de bienes.

TÍTULO XV. DELITOS CONTRA EL NORMAL TRÁFICO MIGRATORIO

CAPÍTULO I. TRÁFICO DE PERSONAS

ARTÍCULO 347.1.- El que, sin estar legalmente facultado, organice o promueva, con ánimo de lucro, la entrada en el territorio nacional de personas con la finalidad de que éstas emigren a terceros países, es Sancionado con privación de libertad de siete a quince años.

2. En igual sanción incurre el que, sin estar facultado para ello y con ánimo de lucro, organice o promueva la salida del territorio nacional de personas que se encuentren en él con destino a terceros países.

ARTÍCULO 348.1.- El que penetre en el territorio nacional utilizando nave o aeronave u otro medio de transporte con la finalidad de realizar la salida ilegal de personas, incurre en sanción de privación de libertad de diez a veinte años.

2. La sanción es de privación de libertad de veinte a treinta años o privación perpetua cuando:

a) el hecho se efectúa portando el comisor un arma u otro instrumento idóneo para la agresión;

b) en la comisión del hecho se emplea violencia o intimidación en las personas o fuerza en las cosas;

c) en la comisión del hecho se pone en peligro la vida de las personas o resultan lesiones graves o la muerte de éstas;

ch) si entre las personas que se transportan, se encuentra alguna que sea menor de catorce años de edad.

DISPOSICION ESPECIAL

UNICA: A los efectos de lo previsto en el apartado 3 del artículo 8 de este Código, para los delitos cuya sanción no exceda de un año de privación de libertad o multa de cien a trescientas cuotas o ambas, la multa administrativa aplicable no podrá ser inferior a doscientos pesos, ni superior a dos mil pesos. No obstante, el límite máximo de la multa podrá extenderse hasta tres mil pesos cuando las circunstancias concurrentes en el hecho o en el infractor así lo aconsejen.

En cuanto a los delitos cuya sanción aplicable pueda ser superior a un año y hasta 3 años de privación de libertad o multa de hasta mil cuotas o ambas, la multa administrativa a imponer no será inferior a quinientos pesos, ni superior a cinco mil, aunque en determinados casos, atendiendo a las condiciones personales del autor y las circunstancias concurrentes, pueda aumentarse hasta siete mil pesos.

En estos casos, cuando proceda, se impondrá además la responsabilidad civil exigible de acuerdo con lo dispuesto en los artículos 70 y 71 de este Código.

Asimismo, podrá procederse al comiso de los efectos o instrumentos del delito, aplicando en lo pertinente las regulaciones que respecto a la sanción accesoria de comiso se establecen en el artículo 43 de este Código.

Si el culpable satisface el pago de la multa y cumple los términos de la responsabilidad civil dentro de los diez días hábiles siguientes al de su imposición, se tendrán por concluidas las actuaciones y el hecho, a los efectos penales no será considerado delito. No obstante, el actuante remitirá las actuaciones a la autoridad competente, cuando el infractor así lo solicite o no abone la multa o no cumpla lo dispuesto en cuanto a la responsabilidad civil.

El Ministro del Interior, el Fiscal General de la República y el Consejo de Gobierno del Tribunal Supremo Popular reglamentarán, en lo que respectivamente les concierna, la aplicación de lo establecido en esta Disposición Especial .